초보라도 증권투자로
부자되는 28가지의 방법

박연수 지음

도서
출판 **청 연**

머리말

생각을 멈추고 시장의 소리에 귀 기울여 봐

IT기술이 지수 함수적으로 발전하는 시대다. 그러나 나는 여전히 블로그, 페이스북, 트윗 등 일체의 SNS를 하지 않는다. 나는 스스로 고립을 택하고 있다. 거창한 이유가 있어서는 아니다. 그냥 혼자 세상을 관조하고 신독하는 과정을 즐길 뿐이다. 포스트 모더니즘 이후 문자로 표현하는 콘텐츠는 이미 세상에 다 노출되었다고 한다. 어쩌면 우리가 쓰는 글은 예전 우리가 읽었던 과거의 기억을 되새김질하는 것인지도 모른다. 고독, 깊은 생각 사변적이지만 이것이 시대를 통찰하는 나만의 즐거움이다.

지인들은 나에게 왜 시대의 문명을 외면하고 사느냐고 말을 하지만, 나는 이렇게 사는 것이 좋다.

우리시대에 IT 대표기업은 IBM이 최고였다. 당시 국내의 IT기

3

업의 위치는 다국적기업 IBM의 하청기업 정도의 위상 이었다. 당시 IT 업종의 독점기업인 IBM은 시장의 선도기업이었다. 그들은 거칠 것이 없었다. 그들은 매우 교만했고 시장의 소리에 귀기울이지도 않았다. 그러나 그 교만은 시장의 변화를 놓치고 후발 기업에 독점적 자리를 내주고 말았다.

시장은 가르치는 것이 아니다. 그저 시장의 소리에 귀 기 울이고 시장의 명령에 따르면 된다. 비즈니스로 성공하고 싶다면 생각하지 말고 시장의 소리를 들어야한다.

투자도 마찬가지다. 내 능력이 아무리 뛰어나도 시장의 변화를 이겨 낼 장사는 없다. 겨우 한국은행의 기준금리가 떨어진 것에 불과하지만 시장은 이 금리 변동 하나 만으로 요동치고 있지 않은가. 은행의 예금금리는 이자에 대한 세금공제 하고나면 1%가 되지 않는다. 이런 환경에서 아무리 용빼는 재주가 있는 사람도 시장의 변동성을 이길 수 없다.

경제변화가 개인의 투자 결과를 결정하는 것이다.

시장에서 가장 훌륭한 투자자는 자신의 생각을 멈추고 시장의 소리에 따르는 것이다.

우리의 투자 행위는 무엇이 결정하는 가. 바로 시장이다. 세상에 시장의 변화를 뛰어넘는 투자는 있을 수가 없다.

자, 지금부터 당신의 생각을 멈추고 시장의 소리에 귀기울이기 바란다.

　지금 무슨 소리가 들리는가.

　금리는 바닥을 기고 있고 우리가 지금까지 해왔던 투자로는 절대 단 한 푼의 가처분 소득을 늘리기 어렵다.

　나는 최근 정말 절망스러운 얘기를 듣게 되었다. 이 초저금리 상황에서도 은행의 정기 예금 수신고는 2배 이상 늘었다는 것이다. 익숙한 것과의 결별은 이렇게 힘든 일이다.

　우리가 소비하는 거의 모든 금융상품은 한국은행의 기준금리에 따라서 금리가 결정된다.

　미국이 양적완화 정책을 철회하고 금리인상을 계획하고 있다지만 아직까지 한국은행은 금리인상을 하지 않고 있다.

　내수경제의 침체, 수출의 활성화를 위해 정부 역시 한국은행의 기준금리 인상을 받아 들이 지 못 할 것이다.

　우리는 지금의 저금리를 과거와 아주 다른 패턴의 저금리로 이를 과거와 구별해 초 저금리라고 표현한다. 소위 소매금융회사인 은행, 보험사에서 판매하는 예금, 적금, 저축성 보험, 개인연금저축, 퇴직연금 중에서 수수료를 공제하고 플러스 수익률이 나는 상품이 있던가.

　저금리로 인해 시장의 흐름은 완전히 변했다. 이런 와중에 기존의 투자를 고집한다는 것은 스스로 금융거래를 통해 얻어지는 가처분 소득에 대한 미련을 버리겠다는 말과 같다.

증권이란 말은 유가증권의 줄임말이다. 이를 풀어 말하면 단어 그대로 가치가 있는 증서를 말하는 것이다.

증권을 사고 파는 곳이 증권시장이다. 증권시장에서는 주식뿐 아니라 CP, 회사채, 국채, 공채, 자산유동화증권의 거래가 이뤄지는 시장이다. 주식을 포함해 이곳에서 거래되는 증권은 사는 세력과 파는 세력 간의 매매로 가격이 형성된다. 이 초저금리에 상대적이긴 하나 증권투자로 확정 수익률을 기준으로 은행예금의 수 배 이상의 수익률을 올리는 것이 가능하다고 힘주어 말할 수 있는 것은, 증권은 발행 주체의 채권상환 이행가능성을 측정하는 신용 평가에 따라 수익률이 달라지기 때문이다.

그러니까 은행의 개인 신용 평가 등급에 따라 신용대출 금리가 천차만별인 것처럼 증권시장에서 유통되는 기업이 발행하는 증권(회사채, 자산유동화증권, CP)도 기업의 신용평가 등급에 의해서 발행금리의 간극이 매우 크다. 따라서 기준금리와 무관하게 은행 정기예금 금리 수배의 투자수익을 얻을 수가 있다.

자 이제부터 여러분이 알고 있던 금융투자에 대한 생각은 잠시 멈추고 시장의 소리에 귀기울여보자.

당신이 알지 못하는 순간에 이 혹독한 저금리 시대에 조차, 상대적이긴 하나 고금리 상품이 여러분의 투자를 기다리고 있다는 사실을 알게 될 것이다.

이 책의 내용대로 따라하면 당신도 부자가 될 수 있다는 말은 사실 거짓말이다. 다만 이 책의 내용을 따라가면 부자는 못되는 일이 있어도 소매금융회사에 돈을 묻어 수수료가 이자를 잡아먹는 개의 꼬리가 몸통을 흔드는 일은 없을 것이다.

초보자가 이 책을 통해서 시장의 흐름을 알고 자신만의 투자 철학, 투자원칙을 갖게 된다면 저자로서 더 바랄 것이 없겠다.

저자 박연수

차 례

01

왜 초보자도
증권에 투자해야만 하는가

금리가 투자의 거의 모든 것을 결정짓는다는 말이 과장이 아니다. 한동안 대통령 문제로 정치는 한 치 앞도 내다볼 수 없고, 각종 주요 경제지표는 바닥을 가고 있었다. 이 와중에도 주가는 크게 떨어지지 않았다. 이 모든 것이 낮은 금리가 만든 유동성 거품이 만들었다고는 단정지을 수 없지만 낮은 금리가 영향을 미치고 있는 것만은 분명한 사실이다. 금리가 낮으니 예금을 해도 이자에 대한 세금을 공제하면 실효금리가 1%도 안 된다. 이 지점이 투자자 모두를 고민하게 만드는 것이다.

은행, 보험사 등 소매금융회사의 판매상품을 중심으로 투자를 해왔던 사람들은 대부분 투자의 방향을 잃었다. 미국 연준의 금리 인상 설이 구체화 되면서, 혹시나 국내금리도 오를까 하는 기대감이 없지는 않으나, 만약 미국 연준이 금리를 인상한다고 해도 당장 국내 금리가 큰 폭으로 오르기는 어렵다.

미국 연준이 금리를 인상한다고 해도, 미국과 맞먹는 경제규모를 갖고 있는 일본, 유럽연합 국가들의 양적완화정책은 계속될 것이기 때문에 미국의 금리인상이 국내 금리에 큰 영향을 미치는 것에는 한계가 있다.

미국의 금리 인상이 결론적으로 한국은행의 기준금리가 다소 오를 수는 있어도, 급격한 금리인하는 없을 것이다. 따라서 소매금융회사의 판매상품의 금리가 오르기는 당분간 어렵다. 그래서우리의 고민이 깊어지는 것이다. 이 낮은 금리에 어떻게 투자해야 하는 것인가.

은행 보험사에서 판매하는 금융 상품만으로 투자를 해왔던 소극적이며 보수적인 투자자가 갑자기 언제든 투자원금이 다 날라갈 수 있는 주식, 성장형 주식 펀드로 투자의 동선을 바꾸기는 어렵다. 그렇다고 해서 이 상태로 계속 갈 수는 없다.

이것이 초보 투자자들이 고민하는 지점이다. 은행 보험사에서 판매하는 금융상품보다 상대적으로 금리가 높고, 주식투자에 몰빵 하는 것 보다는 투자위험이 적은 그런 상품이 있다면 적극적으로 알아보고 투자의 동선을 바꾸어야 한다.

초 저금리가 계속되면서 지금까지 우리가 생각지 못했던 소매금융회사의 민낯이 서서히 드러나고 있다.

알고 나면 누구나 놀랄 만한 일이다.

훗날 역사는 이 시대를 돈의 결핍시대라고 명명 할 것이다. 부의 양극화, 비정규직의 확산, 청년실업의 급증으로 소득은 줄고 실질 금리 마이너스로 이자수입으로 가처분 소득을 늘리기도 어렵다.

우리는 이자를 한 푼이라도 더 받기위해 투자를 한다. 우리는 이자를 한 푼이라도 더 받기 위해서 투자를 해왔지만, 너무 금리가 낮아 수수료가 이자를 잡아먹는 현상이 반복되고 있다. 고금리 시대에는 이를 흘려보냈지만, 금리절벽 시대가 본격화되면서 그동안 우리가 얼마나 부당한 대우를 받아 왔는지 소매금융회사의 민낯을 제대로 알게 된 것은 그나마 다행이다.

한 번 구체적인 예를 들어 보도록 하자.

보험사의 변 액 보험의 실상을 들여다보자. 초보 투자자들은 이런 생각을 한 번 쯤은 다 해봤을 것이다. 왜 보험사의 변액 보험에 적은 월급이나마 참 많은 돈을 투자 했건만 돈을 벌었다는 사람은 없고, 원금만 날렸다는 사람만 많을 까.

금융소비자 연맹이 발표한 자료에 의하면 변액 연금 보험의 실제 납입 보험료를 기준해서 수익률을 계산한 결과 보험사들이 공시한 수익률 −2% 보다 5배가 넘는 −12%의 수익률을 기록했다.

금융소비자 연맹은 생명보험사의 변액 연금 펀드 운용공시 수익률을 토대로 소비자가 실제 납입한 보험료 대비 "실효수익률"을 계산한 결과 2015년 6월 20일부터 2016년 6월 20일 까지 평균 −12.23%의 손실이 발생했다는 것이다. 같은 기간 보험사들이 공시한 평균 공시 수익률은 −2.83% 였다.

실효수익률이라는 것은 보험사가 받은 보험료에서 사업비 등 각종 부대비용을 제외한 나머지 돈으로 운용해 올린 결과인 공시 수익률과 달리 실제 보험사가 낸 보험료를 기준으로 계산한 것이다.

생명보험사들은 변액 연금은 상품의 특성상 가입초기에 사업비를 대거 집행해 상품을 오래 보유할수록 수익률이 점차 올라가는 구조로, 장기적 관점에서 수익률 추이를 지켜봐야 한다고 말하고 있지만, 7년간의 장기간 보험료를 냈음에도 이자가 없는 것은 무엇으로 변명 할 것인 가. 항상 이런 식이다. 그들에게 금리계산법은 그들의 이익이 되는 한에서 그들만의 금리 계산법이다. 그러니까 그들이 만든 금리계산법의 프레임에 빠지면 다른 투자 상품에 투자 할 기회를 상실하는 우를 범하는 것이다.

만약 이런 상품을 선택하지 않고 확정 금리를 지급하는 CP, 회사채에 투자 했다면, 그리고 투자 후 보유기간이 5년 이상이라면, 지금 저금리가 아무리 혹독하더라도 같은 시점에 투자 했다는 것을 가정하면 그 수익률은 적어도 수십%이상의 수익률 차이가 발생 했을 것이다(기업 신용평가 등급이 −BBB인 투자적격 회사채 수익률 기준).

변액보험(변액 연금, 변액 종신, 변액 유니버셜)은 10년이 지나고, 30년이 지나도 이자는 발생하지 않는다. 그리고 우리는 발생한 원금손실에 분노만 쌓여간다. 투자 상품 한 번 선택한 것뿐인데 이런 결과를 초래한다는 사실이 얼마나 억울한 일인가.

미국 금융시장에서 만들어진 펀드, 변액보험, 신용카드는 절대적으로 금융자본에게만 유리하게 설계된 상품이다. 금융자본들이 이런 상품의 판매권을 확보하기 위해 의회권력에 끊임없이 로비를 통해서 얻게된 전리품이다. 자본주의가 만인의 자본주의가 되기 위해서 제도가 정의롭게 만들어져야한다. 펀드, 변액보험 판매허가권 하나로 막대한 자본이익을 얻는 것은 정말 부당한 일이다.

펀드, 변액보험 운용률 결과 원금 손실이 발생하는 경우 그 책임을 누가 지는가. 자산운용사 보험사들은 강 건너 불구경 하듯이 원금의 손실이 발상하든 말든, 수수료만 챙기고 손실에 대해서는 전혀 책임을 지지 않는다.

손실은 고스란히 투자자의 몫이 된다. 우리는 이 시대의 투자를 말하기를 "펀드전성시대"라고 말한다. 금융자본과 언론이 합세하여 프로파간다를 한 결과 우리는 이 혹독한 저금리 시대에 우리가 살길은 펀드에 간접투자해야만 한다고 쇄뇌당하고 있다.

과연 그런가.

펀드의 판매가 늘어날수록 펀드 판매회사들은 막대한 수수료의 증가로 점점 더 배부른 돼지가 돼가지만 반대로 우리의 생활은 점점 더 가난해져 간다. 이제 이 부당한 고리를 끊어야 할 시점이다. 내 돈으로 투자하면서 원금의 손실이 발생해도 수수료만은 꼬박꼬박 내야하는 이 미련한 투자는 아무리 저금리시대라고 해도 절대투자의 대안이 될 수 없고 대안이 되어서도 안 된다.

기준금리가 낮다면 금융시장에서 판매되는 금융상품도 이 영향권에서 벗어날 수는 없다. 그러나 증권시장을 통해 투자하는 확정수익률 상품들인 회사채, CP, 자산유동화증권상품은 적어도 은행 예금이자의 수배는 받을 수 있다. 여기에 절대적인 가치를 부여하지 못한다고 해도 투자의 동선을 바꾸는 것만으로도 이 정도의 이자라도 더 받을 수 있다면 충분히 투자의 동선을 바꾸는 이유가 되지 않겠는가.

02

투자는
심리게임이다

오랜기간 금융시장 현장에서 일해온 결과 투자는 인간의 감성이 지배하는 심리 게임이라는 생각이 강하게 든다. 투자 상품의 가격이라는 것이 본래적 가치에 의하지 않고 다수의 힘, 언론의 대중조작, 투자자들의 집단동조화 현상에 의해서 본질과 관계없는 내용으로 가격이 결정되기 때문이다.

부동산 시장에서는 속된 말로 인구가 깡패라는 말이 있다. 1980년 대 말에서 1990년 대 초에 추진된 200만호 주택건설의 배경에는 베이비붐 세대에 의한 인구팽창으로 인한 주택시장에서의 수요 공급 간의 미스 매칭으로 발생한 것이었다. 인구 팽창이 부동산 가격을 견인한 주요 원인 이었다. 그러나 현재는 인구 절벽시대 원년이라고 할 정도로 인구감소가 내수시장에서 상품의 가격을 역전

시키는 현상이 가시화 되는 시점이다.

그런데 아파트 분양시장은 흥청만청이다. 저금리가 만든 유동성의 거품이 시장 참여자들을 혼 돈 시킨 것이다.

어느 날 인터넷 간편 결제 시장이 가시화 되면서 소위 핀 테크 사업이 주목 받고 있다. 이에 따라 실적이 전혀 뒷받침 되지 않은 종목까지 묻지마 투자로 동반상승하는 현상이 발생했다.

정치의 계절이 왔다. 그러다보니 유력대권주자들의 지지율에 따라 특정 정치인이 관련된 소위 정치 테마주의 주가가 춤을 춘다. 안 철수의 지지율이 오르면 안 랩의 주가가 급등한다. 과연 이것을 어떻게 설명해야 할 까.

이것도 투자라고 한다면 할 말 은 없다. 이것이 투자라면 투자라는 말은 지우고, 투기라고 다시 써야한다.

금융위기는 수시로 발생한다. 투기자본이 전 세계를 움직이는 유동성의 90% 이상을 차지하는 시대에 이는 숙명이라고 할 수 있다. 금융위기가 오면 언론은 이를 침소봉대해서 공포를 조성하고 투자자는 실제 이상으로 두려움에 휩싸여 우량자산 까지 투매에 나서는 일이 비일 비재하다. 그러나 결과는 어떻던가. 집단동조화에 휩쓸리지 않고 오히려 금융위기로 투자 가치가 상승한 채권에 투자한 사람들은 대박 수준의 수익률을 올렸다.

시장의 가격이라는 것은 장기적 측면에서 결국 펀더멘털에 의해 가격이 결정된다.

시장을 냉정히 보고 본질에서 벗어나 탐욕에 눈이 멀면 항상 투자시장의 언저리에서 손해를 달고 살아야한다.

"강세 장은 비관 속에서 태어나 회의 속에서 자라며 낙관 속에서 성숙해 행복 속에 죽는다." 존 템플턴의 말이다. 이 말이 의미하는 것은 가장 비관적일 때가 가장 좋은 매수 시점이고, 가장 낙관적일 때가 가장 좋은 매도 시점이라는 것이다. 이것을 템플턴은 경험으로 말하고 있다.

역발상의 투자는 인간 본성과 반대로 하는 투자법이다. 원시시대 초원에서 식물 채집에 의존해 살아가던 인간들에게 무리와 떨어진다는 것은 사나운 육식동물의 먹잇감이 되고, 이는 곧 죽음으로 이어질 수 있다는 것을 의미한다. 지금도 아프리카 대초원에서 집단 서식하는 초식동물은 맹수의 위협으로부터 자신을 방어하기 위해 항상 무리지어 산다. 동물이든 인간이든 무리지어 있을 때 심리적으로 안정되고 생존을 보장받는다는 생각을 하는 건 마찬가지다.

생존에 유리하게 진화된 인간의 집단 본능은 변동성이 지나치게 확대된 투자시장에서는 오히려 실패의 원인이 된다. 투자시장에서는 몰려 있으면 죽는다. 살려면 흩어져야 한다. 지하철에도 이런 문구가 있지 않은가. 사고 발생 시에 대비해 몰려 있으면 죽고 흩어져 있으면 산다고.

투자는 단순한 것이다. 싸게 사서 비싸게 팔아야 돈을 번다. 그러나 사려는 순간 사람이 몰려들면 가격은 상승하고, 싸지는 순간에 사람이 몰리면 투매로 이어져 수익률에 공황이 온다. 서브 프라임 모기지론 사태가 불러온 금융위기 시기를 복기해보라.

한때 신 재형저축 상품에 집단 동조화로 인해 돈이 몰린 적이 있다. 소위 전문가 집단이 추천하고 언론이 기사로 도배질을 하면 그쪽으로 사람들은 벌떼처럼 몰려든다. 해당 상품의 경제성에 대한 이성적 판단은 유보된다. 그 시점에서는 부정적 의견은 그것이 진실을 말하는 것임에도 누구도 귀 담아 듣지 않는다. 마찬가지로 주식 투자에서 사람들이 몰리는 때는 투자를 할 시점이 아니다. 주식을 팔아 이익을 노려야 할 때다.

서브 프라임 모기지론 사태가 불러온 금융위기 당시 누가 돈을 벌었는가. 모두가 금융위기가 불러일으킨 공포에 사로잡혀 가지고 있던 주식과 채권을 투매할 때 그것을 헐값에 주워 담은 사람들이다. 실제로 금융위기 다음해에 가장 많은 돈을 벌었던 사람은 금융위기로 헐값이 된 우량 채권과 우량 주식을 사 모았던 사람들이다. 인간의 집단 동조화, 그로 인한 집단 최면 현상이 존재하는 한 역발상의 투자는 가장 성공 가능성이 높은 방법이다.

초보자는 투자 습관이 잘 길들여져야 하는 시기다. 만약 내가 금융투자 초보자 일 때 누군가 이런 얘기를 나한테 해주었다면, 그동안 살면서 해온 나의 투자 레코드가 지금보다는 많이 나았을 것이라고 생각한다.

투자의 세계에서 지금도 효력을 발휘하는 말이 "남들이 두려워할 때 욕심내고 남들이 욕심낼 때 두려워하라"는 경구다. 이게 바로 역발상의 투자를 의미하는 말이다. 금융위기 당시의 증권시장의 흐름을 복기해보면 이 말이 맞다 는 것을 새삼 확인할 수 있다.

03

내수경제 인구가
깡패다

　시장에서 상품의 가격이 합리적이고 이성적으로 결정 된다면 투자라는 것이 얼마나 쉽겠는가. 시장에서의 가격이라는 것은 논리적인 셈법 외에도 시장참여자의 행동 등 다양한 원인에 의해 결정 된다. 그래서 투자가 쉽지 않은 것이다.

　그럼에도 장기적으로 시장은 이성적 합리적인 모습을 보인다. 매분기 발표하는 실적이 주가에 반영되는 것도 우리가 흔들리지 말고 시장을 냉정하게 접근해야 하는 이유다. 실적에 기반 하지 않는 가격의 변동은 위태 위태하다. 팩트와 실적에 충실한 투자는 시대를 불문하고 개인투자자에게 안전지대를 제공해 왔다.

　장기적인 관점에서 작은 시장을 두고 박 터지게 싸우는 과정에서 시장의 소비자가 줄어든다면 어떤 현상이 벌어질 까. 쪼그라든

시장을 두고 싸워 봤자, 시장 참여자 모두가 루저가 될 수 밖에 없다. 이런 흐름이 서서히 진행되고 있는데 우리 눈에는 보이질 않는다. 그렇게 시장의 패러다임은 소리 없이 다가오는 것이다.

내수경제는 인구의 변동과 관련이 깊다. 청년인구가 감소하는데 그들을 주 소비층으로 하는 골목상권의 점포들이 잘 될 리가 없다.

나는 개인적으로 인구변동이 시장의 변화에 미치는 영향이 절대적이라고 판단하는 사람이다.

주택시장에서 수요 공급의 미스 매 칭으로 단기간에 주택 가격이 급상승해 정치적 부담으로 작용하던 시기가 있었다. 이를 당시의 정부는 200만호 주택 건설이라는 야심찬 프로젝트로 풀어갔다. 이 때 건설된 것이 소위 말하는 분당, 일산 , 중동 신도시 등 1기 신도시 건설이었다.

한국전쟁 이후 사회가 안정되면서 출생률이 비약적으로 늘었다. 우리는 이때 인구 팽창기에 출생한 사람들을 베이비 붐 세대라고 부른다. 한국에서의 베이비 붐 세대는 1955년에서 1964년에 출생한 사람을 말한다. 현재 생존해 있는 55년에서 64년에 출생한 베이비 붐 세대 인구는 900만 명으로 연령별로 평균 90만 명에 가깝다. 그러나 지금의 청년세대는 그 절반에도 못 미친다.

시장의 가격이라는 것이 다양한 원인에 의해 결정되는 것이지만 과연 인구변동에 의한 사회경제 변화를 능가할 정도의 원인이 있을 까.

80년대 말에서 90년대 초 주택시장에서의 주택난은 왜 발생했을까. 합리적인 의심에 근거 해볼 때, 베이비 붐 세대 대부분이 학교 졸업하고 군대마치고 사회생활을 본격적으로 시작하면서 결혼하고 내 집 마련에 나섰기 때문이다.

베이비 붐 세대는 오래된 농경문화의 영향으로 일정한 나이가 되면 결혼하는 것이 당연하다고 생각한 세대다. 그리고 결혼을 하면 1차적인 목적이 내 집 마련이었다.

요즘 30대의 가치관과는 매우 다르다. 누가 맞고, 누가 틀리고의 문제가 아니라 그 시대는 그랬다.

이들의 내 집 마련에 대한 욕구와 주택 공급이 미스 매 칭 되면서 사상 최대의 주택난이 발생했고 이 과정에서 주택 200만호 건설정책이 추진된 것이다.

현재는 출생률이 크게 낮아졌고 내 집 마련에 대한 욕구도 줄어들었다. 그리고 다중주택 자들을 제외하면 주택 보급률이 100%가 넘어선지 오래됐다.

현재 주택시장에서 경제성이 담보되는 주택은 소형아파트, 500만으로 급증한 독신가구를 대상으로 하는 원룸주택 이다. 반면 2000년대 부동산 버블의 주범이었던 중대형 아파트는 고정비 덩어리의 애물단지로 전락 했다. 여러분은 이것이 단순한 현상으로 보여 지는가.

중국경제가 온갖 악재에도 G2의 경제적 위상을 공고히 하는 것도 중국은 14억 명이라는 인구대국으로 이를 기반으로 강력한 내수 시장을 갖고 있기 때문이다. 그래서 미국과 맞서 절대 주눅 들지 않는 것이다.

나는 개인적으로 주식투자가 어렵다면 그냥 당신이 자주 가는 동네 수퍼마켓에서 가장 잘나가는 제품을 만드는 회사를 찍어서 투자하면 된다고 곧잘 말을 해왔다. 이 말은 거의 틀리지 않았다. 내수시장에서 독점적 시장지배력을 갖고 있는 음식료 업종은 지속적으로 주가가 상승해왔다. 그러나 요즘 이 흐름에 문제가 발생했다.

이 부분에 대해서 똑똑한 나의 지인들은 이는 일시적인 현상으로 실적이 발표되고 나면 다시 예전의 주가로 돌아갈 것이라고 말을 한다. 과연 그럴까. 어쩌면 이것이 우리나라의 인구절벽으로 인해 발생하는 문제의 시그널 중 한 가지 현상은 아닐까.

변동성이 강하고 다양한 이해관계에 얽혀있는 주식시장에서 한 가지의 팩트만으로 미래를 예언할 수는 없다. 그러나 현재 발생하는 내수경제에서의 가격변동은 과거와 다른 것이 분명해 보인다. 그래서 합리적 의심이라고 표현하는 것이다.

일본의 잃어버린 20년은 결론적으로 인구의 감소가 경제에 영향을 미쳐 발생한 일이다. 인구의 절대적 감소를 요즘 표현으로 우리는 인구절벽이라고한다.

일본의 잃어버린 20년은 1996년부터 시작된 인구절벽의 시대를 맞으면서 시작됐다. 우리나라도 2016년 본격적으로 인구절벽의 시대로 진입했지만, 사람들은 실감을 못하고 있다. 저금리가 만든 유동성의 거품에 취해서 위기 가 오는 것을 체감하지 못해 벌어지는 현상이다. 인구절벽으로 청년인구의 감소, 독신가구의 급증, 인구의 고령화 형상이 가시화 되었다. 이로 인해 미래의 내수 경제는 요동 칠 수밖에 없다.

일본경제의 소위 잃어버린 20년에 걸친 기나긴 불황의 근본원인에는 인구절벽으로 인한 청년인구가 급감하면서 발생한 것이다.

청년인구가 절대적으로 감소하면 바로 영향을 미치는 것이 골목상권이다. 그들이 자주 찾는 유흥주점, 커피숍, 카페 업종이 서서히 고사되어간다.

경제팽창기에 급하게 지어졌던 신도시들의 유령화가 가시화된다.

요즘 저금리로 분양시장이 호황을 구가하는 듯이 보이지만, 단기간에 중대형 아파트가 가장 많이 공급되었던 용인의 몇 몇 신도시에는 이런 현상이 현실화되고 있다. 시장은 변했다. 이를 우리가 눈치 채지 못하고 있을 뿐이다.

주식시장에서 음식료 업종이 새로운 모멘 텀을 맞고 있는 것도 이 흐름의 연장선으로 볼 수 있다.

2016년 상반기 음식료 업종에서 독점적 지위를 누려왔던 음식료 업종의 시가총액 상위 종목들의 주가가 흘러내리고 있는 이유도 이런 경제 현상을 반영하는 것이다.

2016년 상반기 음식료 업종의 시가총액 상위종목인 오뚜기, C J, 오리온 등의 주가는 전체업종 가운데 −15.8%로 하락률 1위를 기록하고 있다. 단지 이것으로 인구절벽으로 인한 내수경제의 침체로 인한 결과라고 판단 할 수는 없다. 그러나 이를 일시적인 현상으로 말하기도 곤란하다.

2016년 7월 19일 기준 음식료 업종지수는 4,733.17로 마감했다. 이는 견고한 상승세를 유지하던 2015년 말 5,736.92 보다 17.49% 하락 한 것이다. 음식료 업종은 2016년 상반기 전체 업종 가운데 −15.8%로 하락률 1위를 기록했다.

금융정보업체 에프 엔 가이드에 의하면 유가 증권 상장시장에 속한 음식료 50개 종목 중에서 2015년 말 대비 주가가 오른 곳은 12개 뿐 이었다.

이 현상을 보고 시장에서는 두 가지의 반응이 있다. 하나는 원/달러 환율의 하락에도 불구하고 이들 업종의 주가가 떨어진 것은 투자심리가 위축된 결과라고 보는 시각과 구조적인 측면에서 내수경제의 침체가 장기화 되면서 국내 식품시장이 성수기로 접어들었고, 이는 제한된 내수시장의 수요만으로는 높은 성장을 추구하기 어렵다는 시각이 공존한다.

시장의 셈법으로는 충분한 가격조정을 받았음에도 실적 발표 후 다시 전 고점을 찾아갈 것이라는 판단도 하지 않을 수 없지만,

이 현상이 다른 실물자산의 흐름과 맥을 같이하는 인구절벽으로 인해 발생한 내수경제의 침체를 예고하는 전조현상이라는 시각에서 접근해보는 것도 충분한 근거가 있다.

시장은 항상 우리가 체감하지 못하는 사이에 변화해왔다는 사실을 잊지 말자.

빚내서 투자하지말자
적어도 주식투자는

　독신가구의 급증으로 수익률이 은행 예금이자의 10배에 가까운 확정수익을 주는 소형 임대주택에 빚내서 투자하는 것을 말릴 생각은 없다. 현재 은행의 주택담보 대출금리가 4%정도로 임대 수익률이 훨씬 높다. 그러나 투자 위험이 높아 언제든 원금을 날릴 수 있는 상품에 빚내서 투자하는 것은 그만 둬야 한다.

　금리가 낮아서 그런지 우리나라의 가계 빚은 계속 늘어만 나고 있다. 2016년 6월 기준으로 우리나라의 가계 빚 총액은 1224조원에 이르고 있다. 정부의 한해 예산총액의 4배나 되는 돈이다. 이 수치는 한국은행이 가계신용대출 통계를 작성한 이후 최고치다.

　만약에 한국은행이 기준금리를 올린다면 그 정도에 따라 끔찍한 일이 발생할 수도 있는 형국이다.

가계 빚이 늘어나는 가장 큰 이유 중 하나가 실물자산에 투자하거나 사업자금으로 쓰기 위함이 아니라, 소득절벽으로 인해 살기 어려워진 경제빈곤층이 생활비로 쓰기 위해 빚을 내는 사람이 늘고 있다는 사실이다.

사람이 막다른 골목에 몰리면 건전한 생각보다 한 방에 어떻하든 문제를 해결하고 싶은 욕구가 강해진다. 최근에 사행성 도박에 몰리는 자금이 늘고 있는 것도 이런 세태를 반영하는 것이다.

사행성 도박을 주식투자와 비교하는 것은 넌센스지만 자신의 여유자금으로 투자하지 않고 신용융자로 빚을 내 주식에 투자하는 것은 사행성 도박과 크게 다르지 않다고 생각한다.

그런데 주식을 빚내서 투자하는 사람이 계속 늘고 있다는 것은 매우 우려 할 만 하다.

주식투자는 수익률의 변동성이 매우 높다. 잘하면 대박을 칠 수 있지만 잘못하면 쪽박을 차는 일이 수시로 발생한다. 빚내서 투자하는 경우 실패할 확률은 더 높아진다.

요즘의 금리를 가리켜 초저금리라고 표현을 한다. 이렇게 금리가 낮으니, 마땅한 투자처는 없고, 그래서 인지는 모르지만 빚내서 주식에 투자하는 사람이 많이 늘었다.

2016년 8월25일 기준으로 코스 피, 코스 닥 시장에서 신용거래 융자 잔액 합계액이 7조 7870억 원으로 사상 최고치를 기록했다. 지금처럼 저금리로 투자처가 마땅치 않은 흐름이 계속된다면 신용융자액은 더 늘어 날것으로 예상된다.

신용융자 잔액이란 개인투자자들이 증권사로부터 돈을 빌려, 주식에 투자한 금액을 말한다. 신용거래는 투자자가 증권사에서 일정한 보증금을 내고 매수대금으로 주식을 빌려 투자하는 것이다.

신용거래를 하기 위해 현금을 빌리는 것을 신용거래 융자라고 하고, 주식을 빌려 투자하는 것을 신용거래 대주라고 한다.

개인투자자가 신용거래 융자를 하는 이유는, 대개 단기 수익을 노리고 돈을 빌려 주식매수에 나서기 때문이다.

저금리 환경이 지속되면서 수익률에 목 말라하는 많은 개인투자자들이 빚을 내서 주식투자에 나서고 있다.

신용거래는 주가가 하락할 때 반대매매로 원금이 다 사라질 수도 있다. 반대매매란 대출의 담보로 설정된 주식가치가 하락할 경우 추가자금을 납입하지 못할 경우 증권사가 강제로 주식처분에 나서는 경우를 말한다.

주식투자는 자신의 여유자금으로 투자 할 때조차 상대적으로 투자위험이 덜한 우량주에 투자한다고 해도 마음이 불안하다. 주식은 투자와 도박의 중간지점에 위치한다. 이런 고 위험을 가진 주식투자에 나서면서 신용거래 융자를 내서 주식에 투자한다는 것은, 주가가 조금만 빠져도 불 안 불안 해 일상생활을 정상적으로 해나갈 수 없는 상황에 놓이게 된다.

주가가 급락하기라도 하면, 증권사의 반대매매로 내가 가진 주식이 헐값에 처분된다.

결론적으로 주식에 빚내서 투자하는 것은 깡통계좌로 가는 지름길이다.

보통 개인투자자들이 망하는 길은 다섯 가지 이유다. 고점매수 저점매도 종목분석 없이 남 따라 하기, 매수 후 조급증에 빠져 단타 매매하는 것, 무리하게 테마주 급등주 작전주 따라 잡는 것 그리고 마지막으로 빚내서 주식에 투자하는 것이다.

증권사의 신용융자거래 금리가 장난이 아니게 높다. 이런 금리로 빚내서 투자해 돈 번다는 것이 비정상적이다. 한국은행의 기준금리가 1.25%다. 그런데 증권사의 신용 융자 금리는 12%다. 딱 10배다. 과연 12%의 금리로 빚내서 투자해 그 이상의 수익률을 내는 것이 가능한 일일 까.

신용융자거래 잔액이 8조원에 가깝다. 신용융자거래 잔액이 연평균으로 8조원 상태를 유지한다면 증권사가 걷어 들이는 이자만 약 9천억 원에 이른다.

증권사는 신용융자에 대해서는 평균 12%의 고금리를 기준금리와 무관하게 받고 있다. 그러나 그들이 판매하는 CMA의 예금이자로는 겨우 1.1%에서 1.25%의 금리를 받는다.

단기투자를 목적으로 신용융자를 받는 개인 투자자는 이자율에 둔감하다.

증권사들은 이자율을 너무 낮게 하면 빚내서 투자하는 것을 부추기는 결과를 초래한다고 변명을 하고 있다. 정말 웃기지 않는가. 이는 증권사가 걱정할 일이 아니다. 정말 개인투자자가 빚내서 투자하는 것을 걱정한다면, 사전에 신용융자 한도를 줄여야한다. 그래도 걱정된다면 신용융자거래를 아예 없애야 그들의 말에 진정성이 있다. 대한민국에서의 금융거래는 개인투자자들을 이리 뜯어 먹고, 저리 뜯어 먹는 것으로, 당하는 개인투자자만 불쌍한 일이다.

05

금리 1%가 소중하다면
은행을 떠나라

우리 주변에서 만나는 먹 거리의 대부분은 겉보기는 화려하다. 하지만 실제는 인체에 피해를 끼치는 온갖 유해 인공첨가물로 범벅되어 있다. 누가 과자 한 봉지를 사면서 잔글씨로 쓰여 있는 식품첨가물을 일일이 읽고 구입하는가. 그냥 대충 산다. 그런데 이 인공첨가물이라는 것은 시간이 지나도 몸에서 배출되지 않고 인체에 쌓이면서 치명적인 독이 된다.

여러분이 어린 시절에 먹었던 먹거리 중에서 지금도 가장 많이 생각나는 건 무엇인가? 사람의 취향에 따라 다 다르겠지만, 내 경우는 이 나이가 되어서조차 어머니가 부엌에 있던 빈약한 재료로 만들어주신 어머니 손맛이 깊이 밴 음식들이다. 어머니가 해주시던 음식은 단순한 먹거리가 아니라 우리 삶의 일부이며 잊지 못

할 추억이다. 어린 시절 학교 앞 문방구에서 사먹던 불량식품은 추억거리는 될 수 있어도 그 맛을 잊지 못하는 사람은 없다. 먹거리의 경우 기계가 어머니의 솜씨를 대신한다고 해도 어머니가 만들어주던 먹거리처럼 우리 몸에 필요한 살이 되고 피가 되는 영양분을 제공하지는 않는다.

지금 우리가 소비하는 간접투자 상품의 거의 대부분은 인체에 유해한 인공첨가물이 덕지덕지 포함된 불량식품과 같다. 불량식품을 팔아서 돈을 버는 사람이 누구인가? 바로 불량식품을 만들고 파는 사람들이다. 현재 금융시장에서 판매되는 금융상품이 이와 다르지 않다. 그래서 금융회사의 금융상품 판매방식을 두고 약탈적이라는 표현을 쓰는 것이다.

우리가 간접투자를 한다면 그 경제적 효과가 분명해야 한다. 그 효과가 분명하지 않은 상황에서 간접투자에 따라붙는 수수료를 내면서까지 간접투자를 해야 할 이유는 없다. 펀드, 변액 보험, 연금상품에 수수료를 내고도 적어도 1% 이상의 수익률이 발생한다면 간접투자를 말리고 싶은 생각은 없다. 그러나 이조차도 안 되는 것이 현실이다. 적어도 현 시점에서 1%의 세후 수익률도 올리지 못하는 상품이라면, 이는 먹거리로 따지면 불량식품이다. 간접투자를 대표하는 펀드는 파생상품의 결합 정도에 따라 수수료는 예외로 치더라도 원금 손실까지 발생할 수 있다. 그런데 이런 무시무시한 상품에 투자하면서 상품설명서를 꼼꼼히 챙겨서 읽는 사람은 거의 없다.

초보자를 노리는 불량 금융상품이 참으로 많다. 불량식품에 불과한 금융 상품에 대한 투자는 그만두고, 그 시간에 고수익 금융 상품을 생산하는 기업을 공부하기를 바란다. 저금리 시대에 시장 금리 이상의 수익률을 보장받는 방법은 고수익 금융상품을 발행하는 주체가 되는 기업을 공부하는 것뿐이다.

일반 상품이 유통단계가 복잡할수록 가격이 비싸지는 원리와 마찬가지로 금융상품 역시 유통단계를 없애고 직접 투자하는 것이 투자의 정석이다. 일례로 기업이 자금을 조달하려고 발행하는 채권인 회사채 3년 물(이표 채, 3개월마다 이자를 지급하는 채권)을 증권사를 통해 장외거래로 직접 투자하는 경우 3개월마다 이자를 수령할 수 있다. 신용등급이 투자 적격 채권으로 분류되는 BBB-등급의 회사채 투자수익률은 적어도 은행의 정기예금보다 3배 이상은 된다. 만약 3개월마다 받는 이자를 자유적립예금으로 재투자하는 경우 수익률은 더욱 높아진다.

여기까지의 얘기도 금융지식에 무지한 사람은 이해하기 힘들 것이다. 나 역시 내 눈높이에서 얘기를 하는 한계는 극복하기 힘들다. 투자는 실전이다. 어렵고 이해되지 않는 사람은 노력하면 된다. 내가 하는 얘기는 반복해서 듣다 보면 다 이해할 만한 수준의 내용이다.

기업이 발행하는 대표적 고수익 상품이 회사채라고 부르는 채권이다. 이 회사채에만 투자해도 당신은 지금 적어도 은행 정기예금보다 3배 이상 수익률을 얼마든지 올릴 수 있다. 이외에도 기업이 발행하는 고수익 상품으로는 CP와 후순위 채권 등과 같은 자산 유동화 증권이 있다.

따라서 기업을 알면 투자가 보인다는 것은 매우 근거가 있는 얘기다. 이 저금리 시대를 극복하는 방법 중 가장 효과적인 것이 바로 기업이 발행 주체가 되는 고수익 상품에 직접 투자하는 것이라는 얘기를 절대 흘려듣지 말기 바란다. 그리고 제발 재정 관리에 겨우 눈을 뜰 시기에 간접투자 상품에 자신의 소중한 돈을 털리는 우를 범하지 말기 바란다.

내가 금융지식으로 무장해 투자의 주체로서 바로 선다면 금융거래에 있어서 갑과 을의 관계는 바로잡을 수 있다. 문제는 항상 그렇듯이 우리가 금융지식에 너무 무지하다는 것이다. 그러지 않고서야 어찌 사업비를 공제한 후 금리가 체증되기 시작하는 보험사의 저축성 보험을 적금으로 알고 가입하겠는가. 또 자산운용사가 자신들의 입맛대로 포트폴리오를 구성하고 그 위험을 모두 고객에게 전가하는 랩어카운트 상품을 고수익 상품으로 알고 간접 투자하는 것을 이해할 수 있단 말인가. 금융거래에서 갑과 을의 관계를 바로잡고 고객이 시장의 주체로 바로 서기 위해서는 금융지식으로 무장하는 수밖에 없다.

물론 금융회사가 모두 나쁜 것은 아니다. 이를 이용하는 우리가 활용을 제대로 하지 못하는 책임도 있다. 은행의 예를 들어보자. 은행 예·적금 상품에 금리경쟁력이 없다는 것은 모두가 아는 사실이다. 하지만 그렇다고 해서 은행과 거래하지 않겠다고 하는 것도 잘못이다.

은행은 이미 우리 일상생활 속에 깊이 들어와 있다. 우리는 싫든 좋든 은행과 거래하지 않을 수 없다. 우리는 은행을 통해 각종 공과금을 납부하고 주거래은행 통장으로 계좌이체를 하면 수수료도 내지 않는다. 은행과 거래하는 이유가 단지 생활의 편리함을 위해서만도 아니다.

현재 개인의 자산 운용과 관련하여 저금리로 대출받을 수 있는 곳이 은행이다. 물론 대출받을 수 있는 금융회사는 많다. 그러나 같은 저축기관이지만 저축은행은 은행과 비교해 평균 대출금리가 상당히 높고 그것도 고금리 소액 대출에만 집중하는 것이 현실이다. 이외에 할부금융, 캐피탈, 카드사도 대출을 하고 있다. 그러나 이들 회사는 저축기관이 아니므로 대출자금을 조달하려면 그들 역시 은행에서 대출을 받거나, 보유하고 있는 채권을 담보로 유동화 증권을 발행하든지 채권(카드 채)을 발행할 수밖에 없다. 은행처럼 고객으로부터 예금을 받아 이를 재원으로 하여 대출을 하는 게 아니라 간접금융으로 자금을 조달해 대출 재원을 마련하기 때문에 구조적으로 대출금리가 높을 수밖에 없다.

자금 관리를 잘하는 방법 중 하나가 예금금리 1% 더 받는 것보다 대출금리 1%를 더 낮춰서 받는 것이다. 우리가 은행 거래를 할 때 주거래은행을 정하고 주거래은행에 거래를 집중하는 이유는 바로 대출금리를 낮추기 위해서다. 실제 주거래은행을 정하고 이곳에 예·적금뿐 아니라 신용카드, 각종 공과금 납입 등 거래를 집중하고 대출이자를 연체 없이 잘 갚아나가면 저금리로 신용대출도 받을 수는 있는 기회가 많아진다. 담보대출의 경우에도 상대적으로 금리우대 혜택을 받을 수 있다. 금리가 낮다고 해서 무조건 은행 거래를 배척하지 말고 은행을 적절하게 잘 이용하는 것도 우리가 배워야 할 자금 관리의 지혜다.

금융시장에서 갑은 누구인가? 투자의 주체인 고객이다. 그런데 지금의 금융거래에서 고객은 금융회사에 의해 봉으로 전락하고 있다. 고객은 한국은행 기준금리에도 못 미치는 수익을 내는 금융상품에 투자하면서도 수수료는 꼬박꼬박 금융회사에 갖다 바치고 있다. 펀드 투자로 원금 손실이 발생해도 모든 책임은 고객의 몫이다. 여기에 수수료까지 낸다. 이런 부당한 거래를 계속해야만 하는 이유가 있는가. 대체시장이 충분히 있고 상대적이긴 하지만 고수익까지 보장되는 상품이 있는데 말이다. 지금 당장 투자에 대한 코페르니쿠스적 사고의 전환을 해야할 시점이다.

06

합법적으로 지갑을 터는 상품이
당신을 두 번 죽인다

매월 받는 소득에서 일정액을 떼어 투자하는 자금 관리에서 처음 맞닥뜨리는 일이 저축상품의 선택이다. 이미 금융시장에서는 많은 금융상품이 판매되고 있어 그 중에서 선택하면 되기 때문에 큰 어려움은 없다. 그러나 정작 문제는 이 상품들 대부분이 별 영양가가 없다는 것이다.

지금 여러분 앞에는 멋들어진 전주 한정식이 차려져 있다. 최근에 전주 한정식은 관광객들이 많이 찾으면서 반찬 가짓수가 대폭 늘어났다. 저축상품도 저금리 시대라지만 오히려 가짓수는 늘어났다. 한데 전주 한정식의 문제는, 상차림은 화려해졌지만 정작 '젓가락이 가는' 반찬은 오히려 줄어들었다고 말하는 사람이 늘고 있다는 점이다.

저축상품도 그렇다. 즉, 외양은 화려해졌으나 정작 상차림의 질은 떨어진 형국이다. 지금의 저축상품은 가짓수는 많아졌으나 '그 밥에 그 나물'이라고 할 정도로 내용에서는 천편일률적이다. 여러분도 이제 지금과 같은 저금리 상황에서 우리가 주로 찾는 은행이나 보험사의 저축상품으로는 저축 효과가 없다는 것을 잘 알고 있을 것이다. 그래서 시장에 나와 있는 저축상품으로는 답이 나오지 않는다. 그나마 낫다는 청약 종합통장, 신재형저축, 저축은행의 자유적립예금, 마을금고의 비과세 저축상품도 세금 공제 후 받게 되는 이자가 1% 대다. 이 정도의 저축 금리에 만족한다면 저축을 통해 얻는 가처분소득은 없는 것이나 마찬가지다.

어떻게 하면 좋을까? 먼저 투자와 관련해 우리가 꼭 알아야 하는 것이 있다. 투자 상품에 절대적 가치는 없다는 것이 그것이다. 이게 무슨 말인가 하면, 우리가 주로 투자하는 정기예금, 채권, 주식, 심지어 부동산도 경제상황의 변화, 이를테면 거시 경제지표, 물가, 금리, 환율, 인구의 동태적인 변화, 정부의 경제정책 운용기조 등의 요인에 의해 상대적으로 그 가치가 계속 변화하기 때문에 투자 시점의 경제상황, 정부정책, 사회적 변화 등에 맞춰 상대적으로 가치 있는 상품에 투자하면 된다는 뜻이다.

투자 상품의 경제성은 상대적이지 절대적이지 않다. 이런 면에서 볼 때 현재 은행이나 보험사의 저축성 상품은 상대적으로 경제적 가치가 낮은 반면, 채권 관련 상품은 상대적으로 경제적 가치가 높다. 이런 점을 고려하여 금융상품에 대해 잘 모르는 초보자에게 알려주고 싶은 세 가지 방법을 추천한다.

첫째, 적립식 RP, 발행어음 등과 같은 단기 고수익 금융상품을 6개월 만기로 운용해 가능한 한 빨리 종잣돈을 만들어 회사채나 CP로 말을 갈아타고, 이를 반복해 투자하면 최소한 은행 정기예금 금리보다 훨씬 더 큰 이익을 얻을 수 있다.

RP와 발행어음이 무엇인지를 설명하면 다음과 같다. RP란 'Repurchase Agreements'의 약어로, 직역하면 환매조건부채권이다. 즉, 증권사가 보유하고 있는 채권을 담보로 해서 증권사가 만기일 전에 재구매를 약속하고 판매하는 단기 수익증권을 가리킨다. 금융 초보자에게 RP라는 상품은 어렵게 느껴질 것이다. 그러나 정확하게 말하면 어려운 게 아니라 낯설다고 표현하는 게 맞다. 알고보면 상식적으로 어려울 것이 없기 때문이다. 발행어음이란 종금사가 자기자본 내에서 발행하는 어음이다. 시장 실세금리를 적용하는 예금자 보호 상품으로, 1년 이상 투자할 경우는 정기예금 단리처럼 매월 이자를 받을 수도 있다.

둘째, 적금에 투자하듯이 매월 꾸준히 우량주 중심으로 주식에 투자하는 방법이다. 이 경우 장기간을 염두에 두고 투자한다면 소위 분할매수 효과로 인해 수익률 변동을 최소화할 수 있다.

이것은 자산운용사가 판매하는 적립식 펀드에 간접 투자하는 것과 같은 방법이다. 다른 점은 개인이 직접 투자하기 때문에 원금의 3%에 이르는 수수료를 내지 않아도 되며, 주식 매매 시기를 자신이 결정할 수 있어 위기상황에 적절히 대비할 수 있다는 것이다. 물론 이 방법은 주식 투자에 대해 어느 정도 지식이 있고 다소 공격적인 투자 성향을 가진 사람에게 적합하다. 매월 저축 가능한 액수 전부를 주식에 투자하는 것이 부담스러우면 이를 5 대 5로 나누어서 절반은 주식에, 절반은 자유적립예금에 투자해 위험은 낮추고 수익은 안정적으로 얻는 방법도 생각해볼 수 있다.

셋째, 월 소득이 적은 은퇴자의 경우는 수익성 부동산에 빚을 내서 투자해 레버리지 효과를 노려볼 수 있다. 이 방법은 30대가 아니라 이미 은퇴했거나 은퇴를 준비 중인 부모님이 노후 준비를 하는 데 적당하다. 그래서 이 방법을 잘 알아두었다가 부모님에게 컨설팅을 해준다면 효자라는 소리를 들을 수도 있다.

연으로 계산해 7~10% 이상의 수익이 발생하는 투자 상품이 있다. 이것이 무엇인가? 바로 부동산이다. 5000만~6000만 원의 돈으로 부동산에 투자한다니, 믿기 어려울 수도 있다. 그러나 이 정도 돈으로 투자할 수 있는 부동산이 있다. 그것도 7% 이상의 수익이 보장되는. 이런 상품이 바로 수도권 지역의 소형 오피스텔이다. 지금 시흥 시 정왕 지구, 안산 시 고잔 지구, 서울 오류동의 대규모 오피스텔 단지들의 매매가와 임대 가를 확인해보라. 연 7%의 안정적인 임대수익을 올리는 게 허상이 아님을 알 수 있다.

극단적으로 생각해 만약 투자자금이 전혀 없어 집을 담보로 대출받아 투자하는 경우에도 이익이 발생한다. 왜냐하면 대출금리가 4%(주택담보 대출금리)라면 대출이자를 내고도 이익이 발생하기 때문이다. 즉, 레버리지 효과가 발생하는 것이다. 현재 확정적으로 은행 대출을 이용해 투자하는 상품 중에서 레버리지 효과가 발생하는 유일한 투자 대상이 바로 수도권 지역의 저가 소형 오피스텔이다. 이렇게 투자해서 매월 발생하는 임대소득을 자유적립예금으로 투자한다면 임대소득은 더 커지게 된다. 부동산이 불황이라는 것을 모른다면 바보다.

그런데 투자 상품의 가치는 경제적 요인뿐 아니라 인구의 사회적 변화에도 큰 영향을 받는다고 앞에서 말했다. 맞다. 부동산 중에서도 1인 독신가구를 대상으로 하는 저가 소형 오피스텔의 수익성이 높은 이유는 바로 독신가구의 급격한 증가 때문이다. 이들의 소득수준을 감안할 때 저가 소형 오피스텔의 수요 역시 급증하기 때문에 그렇게 되는 것이다.

현재 수도권 외곽의 저가 소형 오피스텔 단지의 경우 임대수익률은 은행 정기예금 수익률보다 최소 다섯 배 이상은 된다. 문제는 담보물건도 없고 여유자금도 없는 사회 초년생이 이런 투자를 한다는 게 현실적으로 어렵다는 점이다. 그래서 소액을 투자할 수밖에 없는 경우에는 증권사가 장외거래로 중계하는 소액 채권에 투자하는 것이 현재로서는 가장 확실한 목돈 만들기 방법이다.

자금 관리와 운용은 같은 재료(돈)를 가지고도 이를 운용하는 사람이 누군가에 따라 그 가치의 크기가 달라진다. 저금리일수록 더 담대하게 투자에 나서라. 투자 상품에는 절대적인 것이 없다. 경제 흐름에 따라 상대적인 가치만 존재할 뿐이다. 기준금리 1.25%의 시대에도 개인 역량에 따라 위험은 최소화하면서 상대적으로 고수익을 올릴 수 있는 방법은 있다.

　지금으로서는 우리가 습관적으로 선호하는 저축상품으로는 가처분소득이 늘어나지 않는다. 우리가 가장 많이 선택하는 은행권의 저축상품, 보험사의 저축보험, 연금상품 등은 세금 공제 후 실제로 받게 되는 세후 이자가 물가상승률에 못 미치는 실질금리 마이너스 상태이기 때문이다. 그래서 이제 저축하는 방법을 바꾸라는 말을 하는 것이다. 저축상품 선택에 대한 생각을 바꾸면 지금도 저축으로 개인의 가처분소득을 얼마든지 늘릴 수 있다.

　우리는 외부적 상황이 자신에게 불리하기 때문에 부자가 될 수 없다고 말하곤 한다. 이 말이 틀린 건 아니다. 그러나 대부분의 자수성가형 부자들을 보면 결국 부자가 되느냐 못 되느냐는 자신에게 달려 있다. 불리한 외부적 상황이 상수라면 개인이 이를 바꾸기는 어렵다. 그렇다면 자기 스스로 그런 불리한 상황을 돌파하려는 의지가 있어야 한다. 경제라는 것에는 항상 기회와 위험이 공존한다. 이 두 갈래 길에서 기회를 잡기 위해서는 개인이 변화할 수밖에 없다. 이것 외에 다른 해답은 없다.

부의 정도에 따라 저금리를 느끼는 체감온도는 다르다. 우리나라의 서민과 중산층(average class)의 자산 규모는 사는 집 한 채와 몇 천만 원의 금융자산이 전부인 경우가 대부분이다. 주택은 부동산 시장의 골 깊은 불황으로 애물단지로 전락했고, 일천한 예금마저도 저금리 탓에 재산 증식에 불리한 상황이다. 그 결과 저금리는 서민의 재산 형성에 치명적인 독이 되고 있다. 반면, 부자(upper class)는 저금리에 대응할 정도의 자산 규모를 갖추고 다양한 자산을 분할 관리하는 덕분에 저금리로 인한 피해가 덜하다. 이렇게 보면 저금리는 서민과 중산층의 희생을 전제로 하는 제2의 중세정책이라고 할 수 있다.

초보 투자자에게 저금리는 다른 계층보다 상대적으로 피해를 더 크게 준다. 대출시장의 금리 적용에서 신용도가 상대적으로 낮은 30대는 절대적으로 불리하기 때문이다. 보통 은행의 기준금리와 대출금리 간의 적정 마진(이를 '예대금리 차'라고 한다)은 3%라고 한다. 이 정도면 은행 입장에서도 대출로 안정적인 이익을 얻는다. 지금 기준금리가 1.25%니까, 적정 예대차를 감안해도 대출금리는 5% 쯤에서 결정되어야 한다.

그러나 현실은 어떤가. 30대 중에서 과연 이 금리로 신용대출을 받는 사람이 있기나 한가. 오히려 기준금리 대비 체감금리는 더 상승했다. 30대에게는 10%의 신용대출 금리도 낮은 금리다. 아마 20% 이상의 고금리로 대출을 받은 사람도 상당히 많을 것이다. 기준금리 1.25% 시대에 20%가 넘는 대출금리라니, 이게 말이 되는 가. 바로 그래서 지금의 저금리는 신용등급이 상대적으로 낮은 30 대를 두 번 죽이는 일이라고 말하는 것이다.

지금의 저금리는 매우 복잡한 이해관계가 얽히고설키면서 결정 된다. 현재의 저금리가 과거보다 문제가 되는 이유는 금리 결정 과 정에 정치 공학적 이해가 깊이 개입되어 있기 때문이다. 저금리로 실질적으로 가장 큰 피해를 보는 계층은 우리 사회의 취약 계층이 다. 반대로 가장 많은 혜택을 보는 곳은 대기업이다. 은행권이 대출 한 돈을 가장 많이 갖다 쓰는 곳이 어디인가? 바로 대기업이다. 수 백조 원이 넘는다. 대출금이 1조 원이라면 대출금리가 0.01%만 낮 아져도 대출이자 100억 원이 줄어든다. 반면 저금리임에도 30대의 평균 대출금리는 상대적으로 높아졌다. 바로 이것이 저금리가 부 의 양극화 문제를 더 악화시키는 요인이 되고 있는 이유다.

이는 매우 심각한 문제다. 따라서 사회갈등 비용을 줄인다는 측 면에서 정부는 도시 평균 가계소득 이하의 서민에게는 저축상품 에 대한 비과세 혜택을 유지·확대하고 금융권의 고금리 대출을 통 제할 필요가 있다. 특히 청년세대에게 대부업체나 할부 금융회사 들이 고금리로 학자금 대출을 하지 못하도록 법으로 강제하고, 이 를 저리의 은행대출로 전환시켜주는 정책을 시급히 시행해야 한다.

금융기술을 말하는 자리에서 '초 치는' 얘기를 한 마디 하고자 한다. 금융기술을 활용해 이미 나와 있는 금융상품 중에서 옥석을 구분하는 것은 물론 중요하다. 그러나 왜 지금처럼 저금리로 인해 은행과 보험사 금융상품의 경제성이 사라졌고, 또 왜 우리는 그로 인해 이들 금융회사와의 거래가 늘수록 더 가난해질 수밖에 없는 지를 우선적으로 알아야 한다.

금융회사에서 강의하고 받는 강사료로 어느 정도 호구지책을 해결해야 하는 저자 처지에서 반(反)자본의 입장에서 글을 쓴다는 것은 매우 내키지 않는 일이다. 그렇다고 해서 이런 내용의 글쓰기에 특별한 사명감을 갖고 있는 것도 아니다. 그럼에도 이런 입장에 설 수밖에 없는 것은, 세상의 거의 모든 사람이 영혼 없이 가진 자의 편에 서서 그들처럼 생각하고 행동하는 시대에 누군가는 적어도 '객관'의 위치에서 생각하고 행동해야 한다고 여겨서다.

결론적으로 말하면, 지금 세상에 존재하는 보험사, 은행 등 소매 금융회사에서 판매하는 금융상품을 구매하는 것은 소비자 입장에서는 땀 흘려 번 돈을 그들에게 갖다 바치는 행위에 불과하다. 소비자가 갖다 바친 그 돈으로 금융회사 임직원들은 점점 배부른 돼지가 되어갈 뿐이다. 그래서 주류 경제학자들조차 현재의 금융회사 금융상품 판매 방식을 두고 '약탈적'이라고 하는 것이다.

소매 금융회사에서 판매를 전담하는 비정규직 영업자(재정설계사라 부른다)들 역시 피해자이기는 마찬가지다. 이들이 신규 영업자를 리쿠르팅하고 판매를 전담하고 있지만 이들 또한 금융회사 임직원과 대주주들을 위해 한번 쓰이고 버려지는 소모품 같은 존재들이기 때문이다. 따라서 우리는 일선에서 고객을 직접 상대하면서 영업하는 이들을 비난할 게 아니라 이런 구조에 기생하는 자들을 비난해야 한다. 여러분 친구들 가운데 본의 아니게 비정규직 영업자가 돼서 여러분에게 별 효용가치가 없는 보험 상품을 강매하는 경우를 심심치 않게 당해왔을 것이다. 그러나 그들도 피해자이지 우리가 공격할 대상이 아니다.

지금 은행권과 보험사에서 판매하는 상품들, 이를테면 정기예금, 적금, 각종 연금 상품은 저축금액이 증가할수록 우리를 더욱 가난하게 만들 뿐이다. 상식적으로 생각해도 지금 판매되고 있는 금융 상품 중에서 이자에 대한 세금 15.4%를 떼고 실질금리가 물가상승률을 상회하는 상품이 있는가?

여기에다 운용 수수료가 적지 않은 변 액 관련 상품, 연금 상품들은 금융회사의 자본 확충과 이익 증대에만 기여할 뿐이다. NH농협은행이 판매하는 상품 중에서 '내 생애 아름다운 정기예금'이란 것이 있다. 이것은 고객 입장에서는 '내 생애 아름다운 정기예금'이 아니라 '내 생애를 망치는 정기예금'으로 바꾸어야 마땅하다. 아무리 금리가 낮다고 해도 어떻게 세전으로 고작 1%대의 금리를 지급하는 상품이 내 생애를 경제적으로 윤택하게 해서 아름다운 노후를 보장할 수 있겠는가.

금융상품 투자만으로 개인의 가처분소득이 증가하는 것에는 한계가 있다. 잘못된 금융투자가 당신을 더 가난하게 만들 수 있다는 점을 반드시 기억하기 바란다. 인간은 언제나 비이성적이다. 오죽하면 인간의 경제행위를 두고서 인간의 이성은 초라한 조랑말에 비유하고 인간의 감성은 거대한 코끼리에 비유할까. 그렇다. 우리는 눈앞의 작은 이해에 얽매여 정작 봐야 할 것은 보지 못하는 존재다.

우리는 당장 눈앞의 금리 0.1%는 잘 따져도 금리 프레임에 갇히는 순간 다른 것은 보지 못하는 잘못을 흔히 저지른다. 금융상품을 보지 않으면 이 지독한 저금리 시대에도 당신의 지갑을 두툼하게 해주는 투자 상품이 얼마든지 있다. 여러분은 그 기회를 놓치지 않기를 바란다.

오늘날 우리나라 경제를 가리켜 국가경제는 성장하고 있지만 개인은 오히려 점점 더 가난해지고 있다고 한다. 이 와중에 개인을 상대로 하는 금융회사들은 과거에 비해 더 거대화되고 임직원 임금 또한 크게 오르고 있다. 모 은행 임원의 평균 급여는 외환위기 당시와 비교해 14배에서 16배나 올랐다고 한다. 참으로 이상한 일이 아닌가? 금융회사를 먹여 살리는 개인 고객은 점점 가난해지고 있는 반면 금융회사는 점점 더 배부른 돼지가 되어 간다는 게 말이다.

도대체 왜 그럴까? 이유는 간단하다. 과도한 금융거래 수수료, 펀드 같은 위험하고 수수료 높은 상품의 판매 증가가 그 원인이다. 펀드, 변액 관련 상품은 고객 입장에서는 악마가 만든 상품이지만, 금융회사 입장에서는 수백 년에 걸친 자본주의 역사에서 자본이 만든 최고 상품이다. 왜냐하면 펀드, 변액 관련 상품은 과도한 수수료에도 불구하고 투자원금 손실이 모두 개인 고객에게 전가되고 금융회사는 이에 대해 아무런 책임도 지지 않게 설계되어 있기에 그렇다. 이것은 봉이 김선달이 대동강 물을 떠서 팔아먹었다는 일화보다 더 쉽게 돈을 버는 일이다.

지금의 금융상품 투자를 보면, 자본이 자신에게 이익이 되는 한에서 규칙을 만들고 우리는 그 안에서 투자하고 있는 게 현실이다. 룰을 정의롭게 바꾸지 않는 한 여러분은 금융회사와 거래할수록 가난을 피해갈 수 없다. 룰을 바꿀 수 없다면 금융회사와의 거래를 거부하라. 그렇다면 대안은? 걱정 말라. 대안은 얼마든지 있다.

6개월 단기투자 CP가 예금보다 10배 좋다

CP는 기업이 단기 사업자금을 조달하기 위해 발행하는 어음이다. CP를 자유금리 기업어음이라고 부르는 이유는 CP가 발행시점의 시장금리 그리고 발행기업의 리스크, 풀어 얘기하면 채무 상환 이행도에 따라 발행금리가 정해지기 때문이다. 쉽게 생각해서 채무 상환에 거의 문제가 없는 삼성전자, 현대자동차가 발행하는 CP와 중 위험의 코스 닥 기업이 발행하는 CP와는 발행금리에 차이가 난다. 이 부분은 투자세계에서 위험과 수익은 반비례 관계에 있다는 사실을 상기해 보면 된다. 즉 발행기업의 신용도가 우수할수록 CP의 발행금리는 낮아지고, 반대의 경우에는 금리가 높아진다. CP를 단기 실세금리의 황제로 까지 말하는 것은 현재 발행되는 CP는 지급보증이 안 되는 무보증 채 이지만 그 수익률(CP 발행기업의 신용평가 등급에 따라 수익률이 차이가 난다.)은 리스크 관리를 잘해 투자한다는 가정아래 6개월 만기 은행 예금 금리의 5배 이상의 수익률을 올리는 일이 가능하다. 단기 여유자금 투자 하면 바로 떠오르는 상품이 CP다. 그런데 초보자들에게 이 증권 상품은 아직도 낯설다. 이는 모르고 알고의 문제가 아니라, 초보자에게 익숙하지 않은 상품이기에 그렇다. 우리가 접하는 거의 모든 금융정보환경이 은행, 보험사 등 소매금융회사 판매금융상품의 정보로 도배 되다 시피 하니 정보의 비대칭성에서 발생하는 문제이기도 하다.

어느 분야나 마찬가지지만, 소위 전문가라고 자칭하는 그룹이 범하기 쉬운 오류가 "그들도 나처럼 알고 있다고 생각하고 자신의 눈높이에서 지식과 정보를 전달하려고 한 다"는 것이다. 이 점에서는 나 역시 같은 오류를 범하고 있는 것은 아닌지.

어음이라는 단어도 일반 사람들에게는 외계 어처럼 들릴 수 있다. 어음이라는 말이 일상적으로 쓰이는 건 아니기 때문이다. 그러나 이는 분명히 어렵고 쉽고의 문제는 아니다. 단지 익숙하지 않을 뿐이다. 어음과 관련한 내용이 특별히 어려운 건 아니다. 요즘 어음을 매개로 한 금융상품이 많아졌으니 이번 기회에 확실하게 알아두도록 하자.

어음이란 기업이나 개인이 상거래를 할 때 물품 판매대금이나 용역 서비스의 대가로 받는 결제대금을 대신해 일정 기간이 지난 뒤 현금을 지급하기로 약속하는 유가증권이다. 하지만 어음은 반드시 상거래가 발생할 때만 발행하는 건 아니다. 기업이 단기 운용 자금을 조달하기 위해 발행하기도 한다.

　기업이 상거래가 수반된 대금결제용으로 발행하는 어음을 물품 판매대금 결제어음이라 하고, 이를 줄여서 물대어음 또는 진성어음이라고 부른다. 이에 견주어 기업이 자금을 조달하려고 발행하는 어음은 융통어음이라고 한다. 우리가 금융시장에서 투자하는 어음은 융통어음이라고 할 수 있다. 물론 개인이 진성어음에 투자할 수도 있다. 이런 진성어음 판매시장은 전통적인 사채시장의 한 부분으로, 지금도 명동 사채시장에서 구매할 수 있다. 지금도 명동의 어음 중개를 전문으로 하는 사채 사무실은 등록법인 이상 거의 모든 기업의 어음을 취급한다.

　금융권에서 일해 본 사람이나 적어도 창업을 해서 실제 대금결제로 어음을 받아 본 사람은 어음에 대해 어느 정도는 이해한다. 그러나 이제 막 사회생활을 시작한 사회 초년생들이 알기에는 어음이 낯선 게 현실이다. 사회 초년생이 알고 있는 금융상품이라고는 은행 상품, 저축성 보험, 그리고 최근에 '핫 하게' 부각된 CMA 정도가 고작일 것이다. 사실 대부분 사람이 알고 있는 금융상품도 이 범주를 크게 벗어나지 못한다. 그러나 알고 보면 금융상품의 세계는 넓고 투자할 곳 또한 많다. 그중 대표적인 단기 고수익 금융상품이 바로 '어음' 자가 들어간 금융상품이다.

자, 지금부터 어음 자가 들어가는 상품들에는 어떤 것이 있는지를 알아보도록 하자.

CP는 'Commercial Paper'의 이니셜이다. 이를 직역하면 상업어음이다. 그런데 '자유금리 기업어음'이라고 부르는 이유는, CP의 발행 주체는 기업으로 CP는 기업이 단기성 자금을 조달하기 위해 발행하는 단기 회사채의 성격을 지니고 있기 때문이다. 또한 기업어음 앞에 '자유금리'라는 수식어가 붙는 이유는, CP의 금리가 발행 시점의 발행 기업의 신용등급과 시장 실세금리의 변동에 따라 결정되기 때문이다.

CP는 매우 오래된 역사를 자랑하는 단기 금융상품으로, 한때는 단기 금융상품의 황제로까지 불리기도 했다. 이 상품은 IMF 외환위기 이전까지만 해도 연 10%가 넘는 고금리에 원금을 보장해주는데다 지급보증까지 되었기 때문에 안심하고 투자할 수 있었다. 그러나 외환위기를 거치면서 당시 CP를 중개하고 판매하던 수십 곳에 달하던 투자금융사(종금사의 전신) 부실화로 시장에서 퇴출당하는 과정을 거치면서 CP의 지급보증은 사라졌다. 따라서 CP는 금리만 보고 투자해서는 안 되고 발행기업의 안정성을 꼭 체크한 후 투자해야 한다.

오랜 시간이 지난 사건이지만 예전 강남 역 주변에서 생활하는 사람들은 오다가다 LIG건설이 발행한 CP가 LIG건설의 부도로 인해 휴지조각이 되는 과정에서 투자자들이 LIG건설과 LIG건설이 발행한 CP를 인수해 유통시킨 동양종금증권 앞에서 시위하는 모습을 보았을 것이다. 바로 이 광경이 CP의 현주소를 보여주고 있다. 현재 CP 투자의 문제는, CP가 지급보증이 되지 않고, 예금자 보호 상품이 아님에도 금리가 높다는 이유로 기업의 재무상태를 확인하지도 않은 채 '묻지 마식' 투자를 한다는 점이다. CP는 금리는 높지만 은행 상품처럼 예금자 보호가 되는 건 아니라는 것 정도는 알고 투자해야 한다.

CP와 같이 고수익 상품으로 알려진 후순위 채권(후순위 채권은 일반적 회사채가 아니라 자산 유동화 증권에 해당한다)에 투자한 사람들이 저축은행 파산으로 투자금을 돌려받지 못해 사회 문제로까지 비화된 것도 이와 비슷한 사례다. 이들 상품의 공통점은 상대적으로 고금리를 주는 상품이 맞지만 예금자 보호가 안 된다는 사실이다. CP, 후순위 채권, 회사채 등 기업이 발행하는 고수익 상품은 모두 예금자 보호 대상 상품이 아니다. 따라서 지나치게 고금리에만 현혹되어 투자하다가는 원금손실이 언제든 발생할 위험의 소지가 있다.

은행이 거래실적과 연체 사실을 따져 개인의 신용등급을 나누는 것과 같이 기업도 신용상태에 따라 등급을 나누어서 차등을 둔다. 보통 기업이 발행하는 CP, 회사채, 후순위 채권은 투자적격 채권만 시장에 유통된다.

그런데 요즘 이 기준이 모호해졌다. 기준보다 더 좋은 A등급의 채권마저도 이를 발행한 중견건설사 파산으로 부실화되는 경우가 종종 있기 때문이다. 그래서 기업의 신용등급은 물론 투자 시점의 발행기업의 재정 상태를, 명동에서 기업어음을 중개하는 사무실에서 역으로 추적하는 방법 등을 통해 반드시 확인한 후 투자를 해야 한다. CP는 앞서 말한 대로 기업이 단기성 자금을 조달하기 위해 발행하며, 이를 종금사가 중개하여 증권시장에 유통시킨다. CP는 증권시장에서 장내에서 투자를 할 수 있고 증권사, 종금사 창구를 이용해서도 투자를 할 수 있다.

CP 상품에 대한 이상의 설명이 금융 초보자가 이해하기에는 충분치 않았을 것이다. 그리고 어렵기도 했을 것이다. 그러나 CP는 단기 금융상품의 핵심이므로 꾸준히 관심을 가져야 하는 상품이다.

CMA를
엄마계좌로 활용하라

국내에서 판매하는 금융상품이 거의 모두 외래어로 표기되는 것은 당연한 일이다. 대부분이 수입품이기 때문이다.

옛날 우리가 못살던 시절에는 미제라면 양잿물도 먹는다는 말이 있었다. 그러나 이제는 미제 수입품 중에 인체에 치명적인 해를 끼치는 양잿물 같은 상품이 많다. 투자자의 민원이 끊이지 않아 사회 문제화 되고 있는 상품이 미국에서 판매가 최초로 시작된 변액보험 관련 상품이다. 이 상품은 구조적으로 판매회사에 절대적으로 유리하게 설계된 상품이다.

투자 형 상품에만 문제가 있는 게 아니다. 이보다는 문제의 심각성이 크지는 않지만 은행에서 판매되는 수시 입출금식 상품인 MMDA에도 문제가 있다.

MMDA는 'Money Market Deposit Account'의 약어다. 이것을 해석이나 제대로 할 수 있는 사람이 몇이나 될까. 상품 이름이 이렇게 복잡한 것을 보면, 뭔가 다를 것이라는 느낌이 확 온 다. 이 상품은 고객의 예금 잔고에 따라 금리를 차등 적용하는 등 예금이 많은 사람에게 특혜가 집중되는 상품이다. 저축은행의 보통예금보다 못하다. 금융상품이 외국산으로 대체되면 이런 식으로 순기능보다 역기능이 많은 게 대부분이다.

MMDA의 대체상품이 바로 CMA다. 그나마 CMA는 수입 금융상품 중에서 나름 유용성을 갖고 있다. CMA는 최근 들어 금리가 급격히 낮아지고, 종금사, 증권사의 마케팅이 활발해지면서 수시입출금식 상품으로 부각되고 있다. 그러나 CMA를 판매하는 종금 사(투금사 전신)가 수십 곳에 달하던 1990년대에 이미 금융권 종사자들은 이것을 활용가치가 높은 상품으로 인식하고 있었다.

지금까지 급여이체 통장, 수시입출금 예금을 대표하는 상품은 은행의 보통예금(MMDA라고 함)이었다. 그런데 은행의 보통예금은 소액 예금에 대해서는 거의 이자를 지급하지 않는다. 예전에 인터넷 뱅킹이 활성화되지 않아 거래가 불편했던 저축은행에 직접 가서 저축은행의 보통예금 통장을 만드는 사람이 많았던 것은, 저축은행 보통예금이 은행보다 높은 금리를 지급했기 때문이다.

금융상품의 금리가 낮다. 낮아도 너무 낮다. 지금의 금리를 초저금리로 표현하는 이유도 금리가 낮아도 너무 낮기 때문에 벌어지는 현상이다. 금리가 이러니 7년을 가입해야 비과세 혜택이 주어지고, 중도에 해지하면 벌칙 조건도 아주 나쁜, 그것도 표면금리가 일반 적금금리보다 겨우 1% 높을 뿐인 신 재형저축에 돈이 몰린다. 그러나 이 상품은 3년 동안만 고정금리를 보장한다. 앞으로 금리가 더 떨어진다면 단기로도 가능하고 세금우대와 비과세가 되는 상품으로 저축하는 것이 훨씬 유리해진다.

물론 CMA에 가입했다고 해서 갑자기 높은 금리가 제공되는 건 아니다. 다만 CMA를 모 계좌로 해서 투자하면 증권사의 고수익 채권 상품에 익숙해질 수 있기 때문에 금융 전반에 대한 이해가 깊어지는 효과를 기대할 수 있다. 이 점이 CMA를 급여이체 통장이나 수시 입출금 예금으로 추천하는 이유다.

CMA는 고객이 투자한 돈을 시장 실세금리 상품인 발행어음, RP, CP 등으로 운용해 단 하루를 맡겨도 상대적으로 금리가 높다. 또 CMA를 모 계좌로 해서 종금사, 증권사의 다양한 고수익 상품에 투자할 수 있는 이점이 있다.

금융 자유화가 이루어지기 전인 1990년대 중반까지 우리나라는 관치금융의 시대로, 정부가 금융회사의 금융상품 금리까지 확실히 교통정리를 해주었다. 관치금융이 시장의 유동성까지 통제하다 보니 항상 시장에서 자금 수요보다 공급이 부족한 자금 부족 상태가 계속됐다. 자금을 필요로 하는 곳은 많은데 자금 공급이 적다면 금리는 어떻게 되겠는가? 당연히 오르게 되어 있다. 그러나 정부가 시장금리를 통제하다 보니 증권시장에서 형성되는 시장 실세금리와 공금리 간에 차이가 많이 벌어지는 결과가 빚어졌다.

예를 들어 정부는 투금사에게 CP를 발행하는 기업에게 15%의 금리 이상은 받지 못하도록 강제했는데, 당시 투금사가 조달하는 금리는 20%에 가까웠다. 투금사는 정부가 정해준 금리 가이드를 따를 경우 역마진이 발생하게 된다. 그렇다면 투금사는 대출을 안 하는 것이 낫다. 돈 장사도 장사인데, 손해를 보면서까지 장사를 할 수는 없는 노릇이다. 이 문제를 해결하는 방법이 불법적 관행으로 잘 알려진 이른바 "양건성 예금"이라고 하는 '꺾기'를 하는 것이다. 꺾기는 금융회사가 대출을 해줄 때 대출금의 일정액을 저금리 상품에 강제로 예금하게 함으로써 예금금리와 대출금리 차이에서 발생하는 예대 금리 차이를 보존받기 위해서 하는 행위다.

투금사의 꺾기(양건성 예금)로 주로 활용되던 상품이 바로 CMA다. CMA는 예전에 어음관리 계좌로 불렸지만, 현재는 판매회사마다 다양한 버전의 이름으로 바꿔 부르고 있다. CMA를 어음관리 계좌라고 불렀던 것은 CMA의 자산운용의 기초자산이 CP, CD, 표지어음 등과 같은 기업 발행 유가증권을 매개로 해서 발행되기 때문이다.

발행어음 CMA와 RP형 CMA의 차이 점

현재 판매되는 CMA에는 두 가지 버전이 있다. CMA는 발행어음 CMA와 RP형 CMA로 구분되어 판매된다. 사실 이 둘의 차이는 별 의미가 없다. 그러나 알아두면 금융상식을 넓힌다는 측면에서 도움이 된다.

발행어음 CMA는 자산운용의 주 수단을 발행어음으로 한다는 의미다. 발행어음이 예금자 보호 상품이라는 것은 여러분도 알 것이다. 따라서 단순하게 생각하면 고객의 돈을 발행어음으로 운용해 그 수익률을 돌려주는 발행어음 CMA 역시 예금자 보호가 되는 상품이 되는 것이다. 발행어음 CMA는 종금사 계정 상품이다.

RP형 CMA는 발행어음 CMA와 같은 논리의 연장선에서 자산운용의 기초자산이 환매조건부채권인 RP이기 때문에 RP형 CMA라 부른다. 굳이 이 둘을 비교하자면, 발행어음 RP는 예금자 보호가 되고 RP형 CMA는 예금자 보호 대상이 아니라는 점이다.

그런데 CMA에 가입하는 경우, 사실 예금 보호가 되고 안 되고 여부는 중요한 선택 기준이 아니다. 왜냐하면 RP형 CMA도 그 기초자산이 증권사가 보유 중인 우량 채권을 담보로 하기에 부실화될 가능성이 거의 없기 때문이다. 그러므로 CMA는 판매회사의 서비스 내용과 편의성 중심으로 평가한 뒤 선택하는 게 올바른 방법이다.

RP와 MMF에 대한 이해

RP와 MMF 두 상품 모두 대중에게 익숙한 상품은 아니다. 그러나 기업들은 대개 사내에 쌓아둔 적립금을 단기로 운용할 때 보통 이 상품들을 활용한다. 최근에는 저금리 탓에 고액 예금을 일시 예치하는 경우 이 상품들을 이용하는 사람이 늘고 있다.

RP는 경과 기간에 따라 확정금리를 지급하고, 증권사가 보유 중인 국공채, 특수채, 회사채를 담보로 해서 재 환매를 조건으로 발행되는 단기 금융상품이다. RP는 채권을 실물로 거래하는 게 아니라 증권사가 한국은행에 예치하고 있는 채권을 담보로 하여 발행하는 것이므로 안정성에 문제가 없다. RP는 1998년 7월 25일 이후 발행분부터 예금자 보호 대상에서 제외됐다.

여기까지가 RP라는 상품에 대한 설명이다. 초보자는 무슨 말인지 이해하기 어려울 것이다. 그런데 이 상품을 이해하는 열쇠는 상품명에 다 나와 있다. RP는 'Repurchase Agreement'의 약어다. 그러니까, 증권사가 한국은행에 예치 중인 국공채, 특수채, 회사채를 담보로 해서 판매하는 단기 투자 상품으로, 기간별 차등 고정금리가 제공되는 상품이라고 이해하면 된다.

MMF는 'Money Market Fund'의 약어로, 일반적으로 단기 금융 상품으로 부른다. MMF는 고객의 돈으로 주로 금리가 높은 CP, 콜 자금 등에 투자하여 그 수익률에 따라 이득을 주는 실적 배당

형 상품이다.

MMF의 투자 장점은 가입 금액에 아무런 제한이 없고, 하루만 거래하고 환매를 해도 환매 수수료가 붙지 않아 수시 입출금 통장으로 활용할 수 있다는 점이다. 또한 MMF는 만기가 따로 없기 때문에 언제 쓸지 모르는 일시적 여유자금을 적립할 때 유리하다.

정리해서 말하면, MMF는 가입 및 환매가 청구 당일에 즉시 이뤄지므로 자금 운용에 전혀 불편함이 없고, MMF에 편입된 채권에 대해서는 채권 시가 평가제의 적용을 받지 않기 때문에 시장 실세금리의 변동과 무관하게 안정적인 수익률을 기대할 수 있다. 현재 MMF는 신종 MMF와 클린(clean) MMF로 구분해서 판매되고 있다.

신종 MMF는 언제든 환매가 가능하며 클린 MMF는 가입 후 1개월이 경과한 후 부터 환매가 가능하다. 신종 MMF와 클린 MMF는 환매조건이 다른 것 외에도 편입되는 채권의 신용등급 차이로 구분된다. 즉, 신종 MMF는 BBB- 등급 이상이면 편입 대상 채권의 조건을 갖추게 되지만, 클린 MMF의 경우는 A- 등급 이상의 채권만 편입하게 되어 있다.

만약 편입 채권의 신용등급이 BBB+ 이하로 떨어지게 되면 그 채권은 1개월 이내에 처분해야 한다. 이 두 가지 유형의 MMF 가운데 수익률은 아무래도 고위험 채권에 주로 투자하는 신종 MMF가 높다. 자신의 투자 마인드가 안정보다는 수익에 중점을 두고 있다면 신종 MMF를, 그 반대라면 클린 MMF를 선택하는 게 좋다.

단기 금융상품으로 MMF, RP, CMA 등은 다 좋은 상품이다. 이들 상품은 예금자 보호가 되지 않아도 대부분 우량 회사채, 단기 유동성 상품에 투자하기 때문에 원금손실 가능성이 거의 없다. 특히 CMA는 급여 이체 통장으로 활용할 수 있고, 이를 모 계좌로 이용하면 증권사의 다양한 고수익 상품에 투자할 기회가 많아진다.

여기까지가 단기 여유자금 투자에 반드시 필요한, 시상실세 형 단기 증권 상품의 거의 모든 상품이라고 말 할 수 있다. 이들 상품을 활용하는 것은 여러분의 몫이다. 저금리 시대 단기 금융상품 투자도 단기 실세금리 형 증권 상품인 CP, RP, MMF가 최고라는 사실만은 기억해 두자.

09

회사채만한
고금리 증권 상품은 없다

   실질 기준금리가 제로 금리를 향해 가는데, 한창 가치가 높아진 독신가구를 대상으로 하는 임대 부동산도 아니고 금리 흐름에 수익률이 절대적인 영향을 받는 채권에 투자해서 과연 10%의 금리가 가능하다는 말이 현실성 있는 얘기일까? 물론 누구나 채권에 투자하면 10%의 수익률을 올릴 수 있다는 얘기는 아니다. 그러나 채권의 운용방법에 따라 이것이 불가능한 것은 아니다. 채권 투자의 수익률은 개인 능력에 따라 달라진다.

   일단 다음의 <표>를 보자.

·채권 수익률 내역

국고 채(3년)	2.47%
통안 증권(91일)	2.58%
산금 채(1년)	2.61%
회사채(무보증 3년 AA−)	2.84%
회사채(무보증 3년 BBB−)	8.47%

(출처: 금융투자협회)

위의 자료는 시점은 무시하고 공부한다는 생각으로 접근해 보기 바란다. 도표의 시점과 현재의 금리 상황은 또 달라졌다. 다만 도표에서 주요상품의 금리지표는 투자 상품 간 수익률에 큰 차이가 있음을 알려주고 있다.

도표를 보면 정기예금처럼 확정수익률 상품인 회사채 투자로 정기예금 금리의 2~3배에 달하는 수익을 올린다는 것이 결코 과장이 아님을 알 수 있다. <표>에서 회사채 BBB− 등급이 8.47%다. 도표의 내용이 거짓말을 하는 게 아니라면 10%는 아니어도 그 근사치에 해당하는 금리는 받을 수 있다고 말하는 게 적어도 현실성 없는 얘기는 아니다.

거듭 말한다. 일종의 정책금리인 한국은행 기준금리는 은행권 상품에는 절대적인 영향을 미치지만, 실제 시장에서 결정되는 금리는 증권시장에서 유통되는 채권, 자산 담보부 증권, CP를 발행하는 주체(기업)의 신용도에 절대적인 영향을 받는다. 이 이치를 깨달아야만 초저금리시대에도 기준금리 이상의 수익을 올리는 것이 언제든 가능하다는 것을 알 수 있다.

우리의 금융투자는 소매금융에 치우쳐 있다. 금융시장에서도 도매시장에서 경매로 가격을 결정하는 것처럼 사는 자와 파는 자가 만나 직접 가격을 흥정하는 증권시장이 있다. 특히 채권 거래의 경우 경매 흥정의 묘미가 가장 잘 구현되는 곳이 장외시장이다. 이곳에서는 발행기업과 이를 구매해 재판매하는 증권사 간의 가격 흥정을 통해 채권이 거래된다. 발행기업이 같고 액면가, 만기일이 같은 채권의 매매가격이 증권사마다 다른 이유도 여기에 있다.

증권시장의 직접거래에 눈뜨기 바란다. 지금의 지독한 저금리를 극복하는 유일한 방법은 증권사, 증권시장을 통해 직접 투자하는 것이다.

각종 농수산물을 가락시장에서 직접 구매하는 것과 집 앞 수퍼마켓에서 구매하는 것 가운데 어느 쪽이 싸게 살 수 있는가? 이는 물으나 마나 한 질문이다. 가락시장에서 구매하면 가격도 가격이지만 다양한 구색의 농수산물을 살 수 있다. 금융투자라고 다르지 않다. 기업이 발행하는 다양한 고수익 상품들, 이를테면 회사채, CP, 자산 유동화 증권, 주식 연계 채권 등을 직접 거래하는 시장이 바로 증권시장이다.

회사채, 자산 유동화 증권 등의 고수익 상품을 직접 거래하면 무엇이 좋은가?

첫째, 금융회사를 통해 간접 투자하는 것에 비해서 수수료가 없다. 펀드가 좋다 나쁘다, 은행의 연금이나 신탁형 상품이 좋다 나쁘다를 떠나서 이들 상품은 수익률이 나건 안 나건, 원금을 까먹건 말건, 무조건 수수료를 내야 한다. 투자자 입장에서 생각하면 얼마나 부당한 일인가. 그래서 은행권, 보험사의 저축상품, 펀드에 투자하면 할수록 투자자는 오히려 가난해진다는 말이 금융시장에서는 꽤나 설득력을 얻고 있다.

둘째, 금융상품이 다양하다. 온라인 쇼핑몰의 시장점유율이 증가하는 것은 역설적으로 전통적인 오프라인 시장의 파이가 그만큼 줄어들었다는 것을 의미한다. 그러나 오프라인 판매 채널 중에서 온라인의 영향으로 사라진 곳은 소매 전자제품 판매점이다. 이 시장은 온라인의 영향으로 급격하게 사라졌다. 그러나 IT 전자제품 도매시장인 용산 전자상가의 위상은 계속 유지되고 있다. 왜 그럴까? 가격뿐만 아니라 다양한 구색의 IT 전자제품을 눈으로 즐기며 쇼핑하는 즐거움을 제공해주고, 온라인에 견주어 오히려 가격이 싸다는 메리트가 있기 때문이다. 어디 IT 전자제품 시장만 그런가. 온라인이 쇼핑문화를 주도하는 시대임에도 건어물 도매시장인 중부시장, 청과물 도매시장인 경동시장, 의류 도매시장인 동대문시장 등은 여전히 서울 중심권에서 그 위상을 유지하고 있다.

금융시장도 마찬가지다. 지금은 모든 소매 금융회사가 온라인상에서 금융 몰을 운용하고, 이를 통해 보험 가입까지 할 수 있는 시대다. 그렇지만 금융상품의 전통시장은 여전히 증권시장이고 증권사다. 그렇다면 여러분은 금융쇼핑을 어디서 해야 경제적으로 이익이 되겠는가. 이쯤 설명했으면 대답은 물으나 마나다. 증권시장과 증권사가 답이다.

채권금리는 시장금리보다 발행 기업의 위험도에 따라 결정된다. 위험도가 높은 기업이 발행하는 회사채를 소위 쓰레기 채권이라고도 하는 '정크(junk) 채권'이라 부른다. 이처럼 위험도가 높은 회사채를 보통 '하이 일드(high yield)'라고 한다. 하이 일드 채권은 신용등급 BBB 이하인 투자 부적격 채권으로, 투자 적격 등급의 채권과 달리 상대적으로 부도 위험이 높은 기업이 발행한 채권을 가리킨다. 그래서 고수익이 가능하긴 하나 그만큼 투자 위험이 높다. 이들 상품에 투자자가 몰리는 이유는 정기예금의 세후 수익률이 1%에도 미치지 못하기 때문이다.

위험도가 상대적으로 낮은 투자 적격 채권으로 분류되는 BBB-등급 이상의 회사채 중에서도 정기예금보다 2~3배 고수익이 가능한 것들이 있기 때문에 너무 과도한 욕심은 자제하는 것이 좋다. 이제 여러분도 기업이 발행하는 고수익 금융상품인 회사채, 자산유동화 증권, CP 등을 증권시장, 증권사를 통해 직접 거래하는 것이 저금리 시대의 금융상품 투자법이라고 말하는 이유를 충분히 알았을 것이다. 이를 실천으로 옮기면 된다. 사회 초년생들은 경험이 일천하고 소득도 상대적으로 적다. 따라서 비교적 많은 돈을 필요로 하는 부동산 투자를 하기는 현실적으로 어렵다. 지금 그들이 해야 할 일은 매월 발생하는 소득을 되도록 고수익 상품에 투자해, 이후 뭔가를 도모할 수 있는 의미 있는 종잣돈을 만들기까지 꾸준히 돈을 모으는 일이다.

그러나 지금의 저금리는 이를 방해하고 있다. 그래서 비교적 소액으로 투자할 수 있고, 상대적으로 고수익을 보장하는 기업 발행 채권인 회사채에 투자하라고 권고하는 것이다. 회사채는 증권시장의 유통금리로 수익률이 결정되고, 만기까지 보유할 경우 정기예금처럼 확정금리가 보장된다.

기업이 발행하는 회사채와 같은 성격의 상품이 소위 자산 유동화 증권에 속하는 후순위 채권, MBS, 자산 유동화 기업어음인 ABCP다. 지금과 같은 저금리 기조에서는 그나마 이들 상품이 소액 투자로 자산 늘리기에는 적합하다. 그래서 2030세대에게 기업이 발행하는 채권, 즉 회사채, 자산 유동화 증권에 금융투자를 집중하라고 말하는 것이다.

문제는 소매 금융회사의 연금, 저축성 상품 투자에만 길들어 있는 이들에게 채권이나 채권 관련 상품은 경제적 가치를 논하기 전에 매우 낯설다는 점이다. 그러나 우리가 모르고 있을 뿐이지, 우리는 이미 광범위하게 채권에 투자를 하고 있다. 물론 간접투자 방식으로.

채권은 쉽게 말해서 개인 간에 돈 거래를 할 때 주고받는 차용금 증서다. 단지 그 차용금 증서의 발행 주체가 개인보다 공신력이 있는 정부, 정부투자기관, 일정 등급 이상의 신용을 가진 기업이라는 것이 차이점이다. 또한 채권은 유가증권 상장시장을 통하여 주식 거래와 마찬가지로 장내거래를 할 수 있다. 뿐만 아니라 증권사가 발행시장에서 매입한 장외채권을 증권사의 금융 몰을 통해 제도적으로 안전하게 투자할 수도 있다. 이처럼 거래 방법이 쉬움에도 우리가 채권 직접투자를 낯설게만 여긴다면 이는 몰라서가 아니라 익숙한 투자 방법이 아니기 때문일 것이다. 지금이라도 늦지 않았다.

채권은 정부나 기업이 자금을 조달하기 위해 발행하고, 채권 유통은 주식과 마찬가지로 증권시장에서 이루어진다. 이를 채권의 장내거래 방식이라고 부른다. 그런데 채권은 이렇게 증권시장을 통해서만 거래되는 것이 아니다. 장외거래라는 것도 있다. 이것은 증권사가 채권을 발행시장에서 직접 매입하여 이를 고객에게 되파는 방법이다. 우리가 비교적 쉽게 증권사의 금융 몰을 이용해 채권에 투자할 수 있는 것도 이런 장외거래 방식이 있기 때문이다.

왜 채권에 투자를 집중해야 하는가? 그 이유는 매우 명확하다. 그렇게 하는 것이 우리가 일반적으로 투자하는 은행권 금융상품과 비교해 은행 환산 수익률을 기준으로 최소 두 배 이상의 수익을 올릴 수 있기 때문이다. 이것은 지금 당장 대형 증권사의 금융 몰에서 판매하고 있는 채권 판매 리스트의 수익률을 살펴보면 바로 확인할 수 있다.

지금의 금리는 저금리 수준을 넘어 실질금리 제로 시대다. 은행의 정기예금에 투자해 받는 세전 이자가 겨우 1%를 넘는 수준이다. 이 정도 금리는 물가상승률을 고려했을 때 경제적 이득이 없는 제로 금리라고 할 수 있다. 이런 상황에서 이보다 두 배나 높은 금리를, 그것도 확정금리로 받을 수 있다는 것이야말로 채권에 투자를 집중해야 하는 명확한 이유다.

방금 말했듯이 우리가 채권에 대한 직접투자에 익숙하지 않아서 그렇지 우리는 이미 채권에 투자하고 있다. 은행의 신탁상품, 혼합형 펀드, 채권 형 펀드에서 연금 저축상품에 이르기까지 간접적으로 채권에 투자를 하고 있는 것이다.

은행의 신탁상품은 고객이 예치한 돈으로 주로 채권에 투자한 뒤 그 수익을 고객에게 배분한다. 펀드도 마찬가지다. 이렇게 우리가 채권에 간접 투자하는 경우 우리는 일정액의 수수료를 내야 한다. 이 수수료는 원금손실이 발생하는 경우에도 예외가 없다. 그러므로 채권 간접상품을 파는 금융회사는 판매액이 바로 이익의 규모가 된다. 수익이 나건 말건 그것은 그들의 관심사가 아니다. 무조건 고객의 돈만 끌어들이면 그만이다.

그렇다면 직접 채권에 투자하면 되는데도 수수료를 내면서까지 간접 투자할 이유가 어디에 있는가? 채권은 금융상품으로 치면 금리가 만기까지 확정되는 고정금리 상품이다. 내가 직접 투자하면 수수료를 안 내도 되고, 오히려 상대적으로 고금리를 주는 다양한 채권상품에 투자할 수도 있다.

투자의 변동성이 큰 주식과는 달리 채권은 매우 안전한 투자 상품이다. 초보자도 몇 가지 채권 투자 지식만 알고 있으면 누구나 전문가 수준의 투자를 할 수 있다. 지금이라도 채권 직접투자에 관심을 갖고 투자에 적극적으로 달려든다면 채권은 이 지독한 저금리 시대에 당신의 지갑을 채워주는 효자가 될 것이다.

다시 한 번 말하지만, 우리는 이 안전하고 상대적으로 수익률도 높은 채권이라는 상품이 있음에도 돈도 되지 않는 은행권 상품에 시간과 돈을 허비하고 있다. 사람들은 대개 익숙한 소비를 반복하는 경향이 있다. 우리는 어떤 상품이든 도매시장을 이용하면 싸고 다양한 구색의 상품을 쇼핑할 수 있다는 것을 잘 알고 있다. 그럼에도 동네 슈퍼에서 대부분의 생활용품을 구매하는 이유는 그것이 편리하고 익숙하기 때문이다. 다른 특별한 이유가 있는 게 아니다.

도매시장 하면 아무래도 거래가 몇몇 거상들에 의해 대규모로 이루어진다. 그래서 소량을 구매하는 개인은 도매시장에서 환영받는 손님이 아니다. 동대문 의류시장을 가면 주로 새벽에 장이 열린다. 이 시장을 이용하는 사람들은 대개 지방에 점포를 갖고 있는 사람들이다. 그렇다고 해서 소량 단품을 구매할 수 없는 것은 아니다. 거리도 멀고 새벽에 장이 서는 동대문시장을 많은 여성이 눈

비벼가며 찾는 이유가 뭘까? 가격 때문일까? 그곳에서 파는 상품의 가치를 잘 알고 있기에 힘들어도 찾는 것이다.

동대문 의류 도매시장을 가면 최신 유행을 선도하는 디자인의 제품을 만날 수 있는 것을 비롯해 무엇보다 제품 구색이 다양하다. 하지만 여기서 쇼핑하는 사람들 대부분은 마니아층이다. 다른 이들은 대개 이런 쇼핑에 익숙하지 않다. 귀찮게 여기기도 한다.

금융상품의 도매시장이 바로 증권시장이다. 그리고 그 중개를 대행하는 회사가 증권사다. 증권시장에서는 장내거래를 통해 주식에서부터 국공채, 회사채 등 다양한 기관(기업)이 발행한 채권, 자산 유동화 증권은 물론 CP 등과 같은 단기 유동성 상품에 투자할 수 있다.

물론 이 시장 역시 소위 기관이라 부르는 금융회사, 연기금 등이 거래를 주도하고 거래 단위 금액도 커서 소액으로 투자하는 개인이 끼어들어 거래하기 어려운 한계가 있다. 그럼에도 개인이 소액으로 얼마든지 쉽게 채권에 투자할 수 있다고 말하는 이유는, 증권사가 발행시장에서 채권을 직접 장외거래 방식으로 매입한 뒤 이를 쪼개서 고객에게 되파는 거래를 하기 때문이다. 따라서 채권 상장시장 안에서 이루어지는 장내거래를 통하지 않아도 증권사 금융 몰을 이용하면 쉽게 다양한 수익률을 가진 채권상품에 투자할 수 있다. 복잡하게 생각하지 말고 증권사 오프라인 창구를 방문해서 직접 투자하는 기회를 갖기 바란다. 그 과정을 몇 번만 반복해면 누구나 쉽게 투자할 수 있는 것이 채권 투자다.

예전에는 주요 경제지표의 변동에 따라 금리가 오르고 내리기를 반복했다. 그러나 현재는 금융위기 같은 상황이 닥치지 않는 한 금리는 오르기 어려운 구조다. 이는 정부의 재정정책과 밀접한 관련이 있다.

이제 저금리는 일종의 패러다임으로 굳어졌다. 패러다임은 우리에게 적응할 것이냐, 아니면 도태될 것이냐를 강요한다. 지금 우리는 저금리를 탓할 게 아니라 이런 구조 속에서도 금리 1%라도 더 받는 방법을 모색할 때다. 사고를 바꿔라. 그리고 당신의 금융상품 쇼핑 동선을 바꿔라. 그러면 이 문제는 바로 해결할 수 있다.

지금까지 우리의 주요 금융상품 쇼핑 대상은 소매 금융회사의 은행 상품, 저축성 보험이었다. 이 혹독한 저금리 흐름에서도 이런 상품에 투자하는 사람들은 정말 강심장의 소유자라고 말하고 싶다. 어찌하여 통장이 많아지고 통장 잔고가 늘어날수록 점점 우리를 더 가난하게 할 뿐인 이런 상품으로 목돈을 만들고 노후를 보장받으려고 하는가.

이제 금융상품의 쇼핑 동선을 바꾸자. 그러면 금융상품 투자의 새로운 문이 반드시 열린다. 그 중심에 있는 상품이 바로 채권이다.

채권 금리는 발행기업의 신용등급과 비례한다

이 책은 금융에 막 입문한 초보자를 위해 쓴 책이다. 그래서 채권투자의 복잡한 내용을 정리해서 기본적으로 꼭 알아두어야만 하는 내용을 중심으로 설명하고 있다.

개인도 채권을 발행한다. 형식만 다를 뿐 개인 사이에 금전을 거래할 때 채무자가 작성하는 차용금 증서가 증권시장에서 유통되는 채권과 별반 다르지 않기 때문이다. 생각해보자. 개인 사이에 금전을 거래할 때 이자를 어떻게 정하는가? 과학적 기법으로 개인 신용을 평가해 이자율을 정하지는 않는다. 하지만 오랜 기간 채무자와의 돈거래에서 형성된 신용도를 기준으로 하여, 사회적 통념상 인정되는 정도에서 금리를 정하지 않는가? 또한 차용금 증서에는 이자율, 채무의 만기일, 원금 상환 일을 기재하고, 채무자 개인에 대한 공증을 첨부해 안정성을 도모한다.

채권도 마찬가지다. 다만 그 발행주체가 사회에서 검증된 기관, 우량기업이 발행 주체라는 점에서 제도 금융권 내에서 거래가 이뤄진다는 게 다른 점이다.

증권시장에서 유통되는 채권은 일정 수준 이상의 신용등급을 가진 기관이 발행한다. 증권시장에서는 보통 BBB- 투자 적격 등급 이상의 채권이 거래된다. 물론 그 이하인 투기 등급 채권도 거래되기는 한다. 그러나 아무리 수익률이 높다고 해도 원금상환 능력이 불투명한 기업이 발행한 채권에 투자할 강심장 소유자는 없을 것이다.

채권금리는 발행기관의 신용 등급에 따라 결정된다. 우선 금리는 상대적 개념이라는 것을 알아야 한다. 우리가 은행에서 신용으로 대출받을 때 금리가 정해지는 원리를 생각해보자. 같은 신용대출을 받는 사람이라 해도 누구는 우대금리를 적용받는 반면에 또 다른 누구는 사채 수준 금리를 적용받는다. 그 이유는 개인의 신용등급에 따라 채무상환의 이행 여부가 다르기 때문이다. 이는 신용등급이 낮을수록 가산금리가 추가되는 구조에서 발생하는 문제다.

채권을 발행하는 기업의 신용은 18등급으로 나눠진다. 물론 삼성전자와 같은 초우량기업의 유통금리는 매우 낮게 결정되고, 삼성전자와 비교해 신용등급이 크게 떨어지는 기업이 발행한 채권의 금리는 상대적으로 매우 높게 결정된다. 이 때문에 소위 시장 실세금리 지표의 기준이 되는 국고 채 3년 물 금리가 2%가 안 되는 시점에서도 채권투자로, 그 두 배 이상의 수익률을 올릴 수 있다는 논리가 성립한다.

높은 수익에는 높은 위험이 따른다

'하이 리스크 하이 일드(High Risk, High Yield)'란 말은 투자 격언 가운데서도 기본 중의 기본이다. 즉, 높은 수익에는 반드시 높은 위험이 따른다. 채권투자로 너무 높은 수익률만 추구하다 보면 위험관리에 문제가 발생하여 원금손실 가능성이 생긴다. 그래서 적당한 선에서 수익률과 안정성을 잘 조화시켜 투자해야 한다.

보통 만기 1년 이내 채권을 단기채권이라 하며, 1년 이상 만기 채권을 장기채권이라고 한다. 단기채권과 장기채권을 구분하는 이유는, 채권은 만기 기간이 길수록 수익률이 높아지는 구조를 갖고 있긴 하지만 이에 비례해 투자위험도 높아지는 특성을 갖고 있기 때문이다. 채권은 채권 발행기관이 채권 만기가 종료되어 채권을 청산하는 시점까지 외부적 또는 내부적 재정문제로 인해 부실화될 가능성이 커지기에 이런 특성을 가지고 있다.

증권이란 용어는 주식을 포함해 기업이 발행하는 채권, 다양한 유가증권을 모두 포함하는 개념이다. 그래서 증권시장은 상장되어 있는 모든 주식, 채권, 유가증권의 유통과 거래가 이루어지는 곳이라고 정의할 수 있다.

채권을 증권시장에서 거래되는 상장주식처럼 거래하는 방식을 장내 채권거래라고 하며, 증권사가 발행시장에서 별도로 채권을 인수하는 방식을 장외 채권거래라고 한다. 채권거래에서 장내거래보다 장외거래가 활성화되어 있는 이유는, 채권은 주식과 달리 기업이 발행한 채권 간에도 만기일, 이자율이 각각 달라 이를 표준화하고 통일하는 데 어려움이 있고, 또 이를 전산화시키는 과정에서 비용과 시간도 많이 소요된다는 한계가 있기 때문이다.

장내 채권거래는 유가증권 시장에 상장되어 거래되는 채권으로 상장주식과 거래방식이 같다. 따라서 주식거래처럼 계좌를 만들고 매입수량과 거래가격을 입력하여 채권거래를 체결한다. 장내 채권거래는 집에서 HTS를 이용해 채권에 직접 투자하면 된다.

채권거래를 장내와 장외 방식으로 구분하는 것은, 같은 기관이 발행한 채권이라 해도 채권의 만기, 이자율, 발행금액이 모두 다르기 때문이다. 이것은 채권의 장내거래 종목을 표준화시켜 주식처럼 상장시장에서 거래하는 것을 어렵게 만드는 이유가 되기도 한다. 다양한 거래조건을 가진 채권을 전산화 작업을 거쳐 거래를 쉽게 만드는 과정도 어렵고, 입찰금액이 적은 채권의 경우는 발행물량이 소화되지 않을 위험도 있기 때문이다.

그래서 상장시장에서 이루어지는 장내거래는 조건을 비교적 표준화하기 쉬운 국공채가 중심이 된다. 국공채는 여타 채권과 비교할 때 채권의 조건이 일정하고 반복적이기 때문에 상장거래 시스템에 적용시키기가 용이하다. 그렇다면 표준화시키기 어려운 채권은 어떻게 거래할까? 이때 이루어지는 게 장외거래 방식이다.

장외 채권거래 방식은 중고차 거래를 생각해보면 이해하기 쉽다. 신차는 자동차의 종류, 자동차별 사양, 그리고 이 기준에 의한 가격이 표준화되어 있어 시스템적인 거래가 가능하다. 그러나 중고차는 같은 시기에 출시된 차라 해도 차량 마모도, 연식, 자동차 사고 여부 등을 판단해 중고차 업주가 가격을 정하고, 고객에게 팔 가격을 정한다. 가격 결정 주체가 중고차 업주가 되는 것이다.

장외 채권거래의 주체는 증권사다. 증권사는 회사 사정을 고려하여 매입채권의 가격을 정한다. 따라서 우리가 장외 채권거래 방식으로 증권사가 보유한 채권을 매입하는 경우 같은 채권이라고 해도 증권사에 따라 판매조건이 각기 다르다. 장외거래 방식은 쉽게 말해 증권사가 장외거래로 매입한 채권을 고객에게 파는 물량을 우리가 매입하는 것이다. 현재 대형 증권사의 금융 몰에는 매일 매입 가능한 채권상품 리스트가 있다. 이 리스트를 보고 수익률과 투자 안정성을 고려해 투자하면 된다. 초보자도 누구나 쉽게 투자할 수 있다.

　증권사를 주식을 중개하는 곳으로만 생각해서는 안 된다. 증권사는 은행권에서는 찾아보기 어려운 고수익 금융상품을 판매하는 곳이다. 이제 여러분의 금융투자 쇼핑 동선을 은행, 보험사에서 증권사로 바꿔야 할 시점이다.

10

자산유동화증권 회사채만큼
고금리 상품

대부분의 금융 초보자들은 은행, 보험사 등의 소매금융회사에서 금융상품을 쇼핑해왔다. 이런 거래 방식 이상은 생각해 보지 않은 사람이 의외로 많다. 정부의 정책금리 이기도 하면서, 소매 금융회사 판매 금융상품의 금리 결정에 절대적으로 영향을 미치는 한국은행의 기준금리가 1.25%까지 떨어져 소매금융회사의 고유계정 상품 중에서 가장 익숙한 은행의 정기예금 금리가 세후 1%의 이자를 받지 못함에도 은행정기예금의 수신고가 두 배나 늘었다고 한다.

초보 투자자들은 금리를 떠나서 그래도 믿고 의지하는 것은 은행뿐이라는 생각 들을 하는 것이다. 이 책에서 말하고 있는 고수익 증권 상품은 초보자에게는 익숙하지 않은 외계어로 들릴 수도 있다. 그러나 이것은 모르고 말고의 문제가 아니다. 그들에게는 익숙한 금융상품이 아니기 때문이다.

자산 유동화증권은 별개 아니다. 기업이 사업을 하면서 발생한 부실채권, 미래의 잠재적 매출채권을 기초자산을 담보로 일종의 페이퍼 컴퍼니인 특수목적 법인이 이를 인수해 증권 화시켜 증권시장에서 유통시키는 것이다.

여러 차례 금융위기를 겪으면서 우리에게 익숙해진 MBS라고 부르는 주택 저당권 담보 유동화 증권, 저축은행이 6월 결산시 자기자본 충족을 위해 발행하는 후순위 채권, 단기 유동성 상품인 CP와 결합한 단기 유동화증권 ABCP 등과 같은 상품이 모두 자산유동화증권이라고 부르는 ABS(Assert Backed Securities)에 다 포함되는 상품이다.

금융투자는 기본을 알고 나면 별것 없다. 초등학교에서 배우는 산수보다 쉽다.

자산유동화증권이란 무엇인가

자산유동화 증권(ABS)이란 부동산, 미래에 발생할 잠재적 매출 채권, 유가증권, 주택저당권 등 유동성이 낮은 자산을 기초로 해서 이를 증권 화 시켜 현금화하는 상품이다. 즉 현금화하기 어려운 자산을 유동성이 높은 현금으로 만들기 위해 증권으로 만들어

증권시장에 유통시켜 현금화하는 것이다.

자산보유자는 기초가 되는 자산을 특수목적 법인인 일종의 페이퍼 컴퍼니를 만들어 자산을 이전하고, 페이퍼 회사는 이를 토대로 자산을 증권 화시켜 판매하는 과정에서 만들어진 것이 ABS라 부르는 자산유동화증권이다. 이 과정에서 매각대금은 자산보유자에게 자산양도의 대가로 지급된다.

신용평가회사는 기초자산의 기대손실을 객관적으로 평가하며 ABS의 신용등급을 투자자가 이해 할 수 있도록 신용등급 체계를 통해 표기한다. 이 방법은 기업이 발행의 주체가 되는 회사채의 신용평가 기준과 같은 것이다. ABS의 종류로는 회사채를 기초로 해서 발행되는 CBO, 금융회사의 매출채권을 기초로 하는 CLO, 주택 저당권을 기초로 해서 발행하는 MBS, 단기 자금 조달을 위해 발행하는 ABCP 등이 있다. 기초자산의 종류나, 발행 방법에 따라서 얼마든지 다양한 종류의 복잡한 자산유동화증권(ABS)이 발행될 수가 있다,

ABS는 복잡한 증권 화 과정에서 발생하는 정보 비대칭리스크와 채권불이행으로 발생하는 리스크가 있다. ABS로부터 파생되는 위험을 방지하기 위해 선진국 및 국제기구는 이를 규제하고 감독을 강화한다.

ABS의 기초자산이 되는 항목은 CDO, 리스, 부동산PF, 매출채권, 오토론, MBS, NPL등이다.

ABS 의 발행 메커니즘을 제대로 이해하는 동시에, ABS의 잠재적 리스크를 관리 감독하고 규제를 통해 글로벌 금융위기의 전철을 밟지 않고 보다 ABS를 금융기관에 효과적으로 이용하는 수단이 되도록 시장 참여자 모두 노력을 해야 한다.

자산유동화 증권의 발행금액은 계속 늘고 있다 .

"1분기 자산 유동화 증권 발행액 급증"

금융 감독원에 따르면 1분기 ABS 발행총액은 8조9495억 원으로 전년 동기(5조4646억 원) 대비 63.8%(3조4849억원) 급증한 것으로 나타났다. 금감원 관계자는 주택저당채권(MBS) 및 단말기 할부채권이 ABS 발행시장의 주축을 형성하고 있는 반면 카드사의 해외 ABS 발행은 감소하고 있다며, 특정 유동화 자산에 대한 선점 현상을 예방하는 등 ABS 시장의 잠재 리스크 관리를 위한 모니터링을 강화할 것이라고 말했다.<디지털 타임즈>

이 기사를 보면 자산 유동화 증권의 발행액이 크게 증가하고 있음을 알 수 있다. 자산 유동화 증권을 뜻하는 ABS(Assert Backed Securities)는 주택 저당권, 기업의 매출채권, 유가증권, 금융권의 대출채권을 기초자산으로 해서 특수법인을 설립한 뒤 이를 증권화시켜 발행하는 상품을 총칭한다.

최근 경향은 선박, 금, 은 등과 같은 실물자산이 유동화 증권의 기초자산이 되고 있다. 유동화 증권의 정식 명칭은 자산 담보 부 증권이나 편의상 유동화 증권이라 부른다.

어느 특정 은행이 보유하고 있는 주택 저당권(은행이 대출하면서 담보로 잡은 주택에 대한 권리)이 100억 원 있다고 가정할 때, 은행은 저당권의 채권시효가 소멸될 때까지 이를 현금화시킬 수 없다. 따라서 은행 입장에서는 유동성 제약을 받게 된다. 그러나 이를 증권화시켜 유동화 증권을 발행하면 채권 만기일 전에 현금화시켜 유동성을 호전시킬 수 있다. 또 MBS 발행 시 거래를 편리하게 하기 위해 1000만원을 1000장으로 나누어 유동화 증권을 발행해 유통시키면 투자자는 소액의 돈으로 고수익 상품에 투자하는 기회를 얻게 된다. 최근 은행권의 눈에 보이지 않는 자산을 가리켜 '그림자 금융'이란 용어를 흔히 쓴다. 바로 그림자 금융의 주요 고리가 되는 상품이 자산 유동화 증권이다.

자산 증권의 유통구조는 이렇다.

자산 보유기관·유동화 전문회사 SPC 설립·자산 유동화 증권 발행 (여기서 SPC는 특수목적법인을 말하며, 자산 유동화 증권의 발행을 주도하는 일종의 페이퍼 컴퍼니다.)

ABS 투자의 체크 포인트를 살펴보면 다음과 같다.

①발행자 측면
•기업 및 금융기관의 구조조정 기능을 원활하게 하며 각종 리

스크를 피할 수 있다.

- 자산운용의 포트폴리오를 개선해 자금조달을 다양화할 수 있다.
- 신용등급이 우수한 기업은 ABS 발행을 통해 낮은 비용으로 자금조달 효과를 얻을 수 있다.

② 투자자 측면

- 동일한 신용등급을 가진 유가증권 상품과 비교해 높은 수익률을 올릴 수 있다.

③ 국내 ABS 발행 현황

- 2011년 ABS 발행총액은 32.4조원으로 전년도 대비 15.5조원이 증가했다. 1999년 말 처음으로 발행이 시작되었고, 그 후 만 12년이 경과한 시점에서 ABS 발행 총 누계 액은 2011년 말 기준으로 400조원을 돌파했다. 2011년 말 기준 발행 잔액은 약 100조원으로 추산된다. 자산 보유자별로 보면, 한국주택금융공사가 2011년 중 16.1조원의 주택저당채권(MBS)을 발행했다.
- 2010년 중 2조원의 ABS를 발행하는 데 그친 신용카드사는 2011년 중 8.7조원의 ABS를 발행하여 전년도 대비 4배 이상 증가했다.

＊ 주요 ABS 상품

— ABCP: 'Assert Backed Commercial Paper'의 약어로 자산 유동화 어음이라 부른다. 이 상품은 쉽게 말해서 자산 유동화 증권에 자유금리 기업어음이라 부르는 CP를 결합한 형태의 상품으로, 단기 자산 유동화 증권이라고 할 수 있다. 즉, ABS보다 만기가 짧은 CP 형태로 발행 유동화 자산의 채권 소멸시기까지 기 발행된 ABCP를 상환하고 CP를 반복해서 발행할 수 있다.

— NPL: 'Non Performing Lone'의 약어로, 금융회사의 부실채권으로서 무수익 여신 또는 부실채권을 가리킨다. NPL에는 담보부 부실채권과 무담보부 부실채권이 있다. 담보부 부실채권은 금융기관이 채무자에게 돈을 빌려주면서 부동산을 담보로 잡고 근저당권을 설정해놓은 채권을 말한다. 그 밖의 주요 자산 담보부 증권 상품으로는 주택저당권 유동화 증권(MBS)과 후순위 채권이 있다.

자산 유동화 증권 상품은 발행 주체가 기업이나 금융회사다. 기업이 발행 주체라는 점에서 채권과 같다. 다만, 채권은 발행기관의 신용상태와 재무적 역량을 평가해 발행규모와 금리가 결정되기 때문에 채권 발행에 별도의 담보가 요구되지는 않는다. 이에 비해 유동화 증권은 기업, 금융회사가 보유 중인 미확정 채권, 대출금, 저당권 등을 담보로 특수목적법인(SPC)이 인수해 증권시장에 유통 시키는 구조다. 이런 과정을 통해 기업은 기업이 보유 중인 자산을 담보로 이를 유동화시킴으로써 현금을 창출한다.

자본시장에서 금리는 나름대로 합리적 기준에 따른다. 그 기준이 되는 금리는 한국은행 기준금리일 수도 있고, 소위 시장 실세 금리 지표로 쓰이는 국고 채 3년 물의 유통수익률일 수도 있다. 단기금리의 경우에는 금융회사 간 단기자금 이동시 기준이 되는 콜금리가 이용된다.

그러나 시장 실세금리가 낮다고 해서 모든 경제 주체가 이 금리로 자금을 조달할 수 있는 것은 아니다. 개인의 경우만 해도 신용 등급에 따라 낮게는 3%지만 높게는 금리상한선인 30%에 이르는 고금리로 돈을 빌려야 한다. 기업도 마찬가지다. 기업 역시 채무상환 가능성에 따라 채권, 유동화 증권의 발행금리가 다 다르다. 이런 측면에서 금리는 돈을 빌리는 주체의 신용도에 따라 기준이 달라지는 상대적인 개념이다.

이 논리의 연장선에서 생각해보면 시장 실세금리가 1% 수준이라고 해도 채권, 유동화 증권 투자로 얼마든지 그 이상의 수익률을 올릴 수 있다. 실제로 이 지독한 저금리에도 증권사의 금융 몰에는 상대적으로 높은 수익률을 안겨주는 채권, 유동화 증권 상품이 즐비하다. 문제는, 금리는 위험과 비례하기 때문에 자칫 높은 수익률만 좇아 투자하다 보면 발행기업 부도로 채권이 휴지조각이 될 수 있다는 점이다. 왜냐하면 기본적으로 채권 관련 상품은 모두 예금자 보호와 무관하기 때문이다.

유동화 증권의 정식 이름은 자산 유동화 증권이다. 주택 저당권 유동화 증권(MBS), 후순위 채권 등이 우리에게도 익숙한 유동화 증권 상품이다. 유동화 증권은 기업이 보유하고 있는 매출채권, 금융회사의 대출금, 리스채 등 기업이 보유 중인 채권을 기초자산으로 해서 이를 증권화시켜 유통시키는 증권이다. 이 과정을 통해 기업은 운전자금 확보가 용이해져 자금운용에 도움을 받을 수 있게 된다.

참고로 유동화 증권 ABS(Assert Backed Securities)는 기업, 금융회사가 보유 중인 자산을 담보로 해서 발행된다는 점에서 '자산 담보 부 증권'으로 불려왔으나, 1998년 9월 자산 유동화에 관한 법률이 제정되면서 '자산 유동화 증권'으로 바꿔 부르고 있다.

유동화 증권에는 자산 내용에 따라 후순위 채권, CBO, MBS, CLO 등이 있다. 또한 유동화 증권은 원리금 지급이 거의 확실한 선순위 채권과 그렇지 않은 후순위 채권으로 분리해 발행된다.

한편 유동화 증권은 자산 보유가 별도로 분리된 SPC(특수목적회사로 서류상 회사)를 설립해서 발행한다. SPC를 통해 발행된 투자채권을 자산 유동화 전문회사가 인수해서 이를 기초자산으로 발행하는 것이 유동화 증권이고, 이렇게 해서 발행된 유동화 증권은 증권시장을 통해 유통된다. 자산 유동화 증권은 발행회사의 채권

상환이 끝나면 청산 과정을 거쳐 해산한다.

기업이 발행하는 고수익 상품은 회사채부터 자산 유동화 증권, 주식 연계 채권, CP, MMF, RP 같은 단기 유동성 상품에 이르기까지 실로 다양하다. 이들 상품의 공통적 특징은 금리가 기준금리에 영향 받지 않고 발행기업의 위험 가중치에 따라 결정된다는 점이다. 이 때문에 기준금리 1% 운운하는 시점에서도 이들 상품에 투자하면 그 이상의 수익이 얼마든지 가능하다고 말하는 것이다.

펀드회사는 허가받은
도둑들이야

초저금리 시대로 진입하면서 신이난 것은 펀드판매회사뿐이다. 그들은 서로 입을 맞추기라도 한 것처럼 한 목소리로 초저금리시대에는 은행예금으로 투자를 통한 가처분 소득의 확장에는 한계가 있음으로 증권에 간접투자하는 것만이 확실한 대안이 된다고 끊임없이 금융소비자를 향해 외쳐되고 있다. 그런데 과연 그럴까.

자, 지금부터 내가 아는 펀드유형을 말해볼까 한다. 나는 펀드에 전혀 관심을 갖고 있지 않다. 그래도 연식이 오래된 사람이고 오랜 기간 금융 일을 해왔으니 펀드유형에 대해 잘 알고 있다.

내가 처음 펀드상품을 알게 된 것은 IMF외환위기 로 환율이 급등하면서 외화자금으로 투자하는 해외펀드가 환차익으로 말미암아 고수익을 올리면서 세인의 관심을 끌었던 시기였다. 이후 무

차별적으로 자산운용사가 설립되고 부동산에서 주식, 채권, 이머징 마켓, 파생상품과 결합된 다양한 기초자산을 가진 ELS, ELF, ELD에서 자산운용사가 자산운용의 전권을 갖는 랩어카운트, 자문형 랩에 이르기 까지, 수많은 펀드가 등장했고 사라졌다.

그런데 정작 중요한 것은 펀드 유형이 중요한 것이 아니라, 펀드 상품자체가 자산운용사에게 절대적으로 유리하게 상품이 설계됐었다는 점이다.

펀드의 수익률은 변동성이 크다. 담고 있는 기초자산의 내용에 따라 원금 손실은 언제나 발생한다. 그런데 펀드의 운용을 주관한 자산운용사는 운용하는 펀드의 손실이 발생해도 이 모든 것이 투자자의 몫으로 돌아간다. 펀드 운용의 결과를 투자자와 자산운용사가 함께 공유해야 정당한 것 아닌가.

이런 부당성의 결과, 펀드투자의 원금손실은 투자자의 몫이 됐고, 자산운용사는 펀드의 손실여부와 관계없이 운용수수료만으로 막대한 자본이득을 얻게 된 것이다. 사실 자산운용사는 펀드의 수익률에는 관심이 없다. 그냥 미끼 던져 펀드투자자를 많이 모으면 그만이다.

어머니가 집에서 직접 만들어주시는 음식이 몸에 좋다는 것을 모르는 사람은 없다. 그러나 아이에게 집에서 직접 과자를 만들어주는 일은 쉬운 일이 아니다. 시간도 많이 걸린다. 밀가루를 반죽하고 오븐에 굽는 시간을 감안하면 돈도 돈이지만 시간이 너무 많이 걸린다.

요즘 아이들의 아토피 발병률이 높아지는 이유가 인공첨가물 범벅인 시중에서 파는 과자를 일상적으로 입에 달고 살기 때문이라는 연구 보고도 있다. 아이들이 먹는 과자만이라도 직접 만들어 먹이고 싶은 마음이 엄마들이라고 왜 없겠는가. 그런데 그게 생각만큼 쉬운 일이 아니다. 우리 아이만은 별 탈 없겠지 하고 믿어보는 수밖에 없다.

금융상품 투자도 마찬가지다. 본인이 증권시장에서 직접 투자하면 구색도 다양하고, 고수익 상품에 투자할 기회가 많다. 그리고 무엇보다 간접투자에 따르는 수수료를 내지 않아도 된다. 그럼에도 우리는 직접투자 대신 간접투자를 선호한다. 왜 그럴까? 단순히 편리하다는 이유로? 아니면 유능한 자산운용 전문가가 포진한 자산운용사를 통한 간접투자가 더 많은 돈을 벌어주기 때문에? 하지만 이런 생각으로 간접투자를 선호하는 것이라면 정말 어리석은 일이다. 이는 간접투자 상품을 팔아야 호구지책이 되는 자산운용사, 위탁판매회사가 행하는 대중조작에 동조하는 일이다.

또한 이것은 전혀 객관적이지 않다. 간접투자가 주식이나 채권에 직접 투자하는 것 이상의 수익률을 낸다는 객관적인 자료는 없다. 매년 나오는 펀드 상품의 수익률은 오히려 시장 평균수익률보다 낮다. 그럼에도 간접투자 논리가 먹히는 것은 우리가 그들의 논리에 세뇌당하고 있음을 입증한다. 20대는 지적으로 왕성하고 배우고자 하는 욕구도 강하다. 20대부터 직접 투자하는 습관을 길러두면 지금과 같은 저금리 상황에서도 그 한계를 극복하는 투자를 해나갈 수 있다.

채권형 펀드는 운용자산 대부분을 채권에 투자해 그 운용수익률을 고객에게 돌려주는 안정성 있는 펀드다. 채권은 만기까지 보유하면 만기수익률이 확정되며, 중간에 금리변동을 이용해 매매를 하면 매매차익을 얻는 것도 가능하다. 그런데 채권을 간접투자하면 자칫 원금이 훼손될 수도 있다. 투자위험이 증가하게 된다는 것이다. 그 이유는 펀드에 편입된 채권의 가격이 증권시장의 가격변동에 따라 매일 바뀌는 채권 시가 평가제가 적용되기 때문이다.

수수료까지 주면서 간접투자를 해야 할 경제적 이유가 없다. 증권사 금융 몰에서 채권 리스트를 보고 투자금액과 만기일을 고려해 직접 투자하면 된다. 우선 채권투자만이라도 간접투자를 하지 말자. 투자 상품을 창과 방패로 표현하면 주식은 창에 해당되고 채권은 방패에 해당된다. 채권투자로 자산운용의 안정성을 확보하고 이를 토대로 하여 위험 가중치가 높은 주식 관련 상품에 대한 투자를 늘려나가면, 주식투자로 발생하는 위험은 낮추고 안정적인 수익률을 기대할 수 있다.

채권은 세상에 존재하는 금융상품 중에서 가장 과학적이다. 금리의 결정 또한 합리적이다. 물론 이는 전적으로 내 생각이다. 그럼에도 이를 주관적이라고 말하기는 어렵다. 왜냐하면 내 나이의 '

올드 보이'가 말하는 주관은 나름의 경험을 기초로 한다는 점에서 어느 정도 객관성을 확보하고 있기 때문이다. 초보자여, 당신의 귀중한 돈을 펀드 대신 채권으로 굴려라.

저 위험 고수익을 노리는 공모주 투자

저금리로 돈이 갈 곳을 잃었다. 그렇다보니 조금이라도 돈이 된다는 소리만 들려도 시중자금이 한쪽으로 쏠린다. 공모주 청약 투자도 이중 하나다.

일반청약에는 수백 대 일의 청약 에 수조원대 청약 증거금이 몰리는 등 과열현상이 수시로 발생한다. 그러나 상당수 공모주 청약에 투자한 사람들이 손실을 봤다는 사실을 알고 있어야 한다.

2015년에 73개 상장주식의 수익률을 분석한 결과 상장 당일 수익률은 34%, 연말 평균수익률은 23%였다. 그러나 빛이 있으면 항상 그늘이 존재 하는 법이다. 상장 당일 주가가 공모가를 밑도는 공모주는 35.6%(26개)에 달했고, 당일 수익률은 -9.9를 기록했다. 특히 주목했어야 하는 부분은 전체 상장 종목의 절반에 가까운 33개(45.2%)의 공모주는 2015년 말 까지도 평균 −21%의 매우 낮은 수익률을 기록했다.

이는 공개 대상 기업의 공모가가 시장가치 보다 부풀려져 공모가가 결정돼서 야기되는 현상이다. 따라서 공모주 청약에 투자하려고 한다면 투자하려는 상장 종목의 공모가가 적정한 것인지 사전에 분석을 철저하게 해야 한다.

공모주 청약이란 기업은 주식시장을 통해 외부에 기업공개를 하고, 불특정 다수의 예비주주에게 주식을 공개 모집하는 과정에서 발생하는 주식을 공모주라고 부른다. 보통 상장된 주식은 거래소에서 사고 팔 수 있다. 그러나 공모주 투자는 사전준비가 철저하게 요구된다. 투자의 성공여부가 사전준비에 전적으로 결정되기에 그렇다. 공모주에 투자하기 위해서는 공모주의 일정 확인, 투자설명서 분석, 청약, 상장 후 매도시기 결정 등, 투자시점마다 투자전략이 요구된다. 아래는 Q&A로 풀어본 공모주 청약에 관한 내용이다.

Q1. 공모주 일정과 확정 공모가는 언제 확인 할 수 있나

A. 공모주 일정은 대부분 30일 이전이면 알 수 있다. 공모주 청약일정은 통상 연간 계획 일정이 계획되어 있으나, 기업의 경영 상황에 따라 늦춰지거나 취소되는 경우가 있다. 공모주 일정은 공모주 관련 사이트에서 확인 할 수 있다. 공모주

청약 일주일전에 기관 투자자를 대상으로 수요예측을 한다. 수요예측이 끝나야 확정된 공모가가 산정되기 때문에 사실상 공모주 일정이 막바지에 이르러서야 확정공모가가 나온다고 생각하면 된다.

Q2. 공모주 청약 시 청약 증거금은 얼마나 있어야 하나

A. 대부분의 경우 공모주 청약 시 증거금은 50%이다.

즉 1주당 30,000원인 기업의 경우 청약 증거금은 1주당 15,000원으로 청약 증거금으로 계산해서 청약 하면 된다. 청약할 때는 청약 단위가 있기 때문에 이를 반드시 확인하고 청약하면 된다.

Q3. 청약 증거금에 대한 주식 배정 비율은

A. 공모물량은 정해져 있음으로 공모주 청약 물량과 비례해서 받는다. 예를 들어 공모주 확정물량이 100,000주이고, 청약 공모주물량이 1,000,000주라면 1:10의 비율로 청약 배정이 이뤄짐으로 1,000주를 청약하면 배정받는 공모주는 100주가 된다.

Q4. 공모주 청약을 위해서는 주관 증권사의 계좌가 반드시 있어야 하는 가

A. 공모주 청약을 위해서는 공모주 주관사 또는 인수사의 계좌가 반드시 있어야한다. 모든 공모주 청약에 투자하겠다면 증권사 별로 계좌를 다 만들어야 한다. 그러나 공모주 청약이 주로 이뤄지는 대형 증권사 몇 곳을 선택해 계좌를 개설하면 큰 문제는 없다.

Q5. 공모주 청약 최저 투자금액은 얼마나 있어야 하나

A. 공모주 청약 금액은 확정된 것이 없다. 공모주 청약 경쟁률에 따라 그 때 그때 마다 다르기 때문이다. 만약 청약 경쟁률이 1,000대 1이라면 천 주 이하로 청약하는 경우 공모주를 단 한 주도 받을 수 없다.

Q6. 공모주 청약 증거금의 환불

A. 공모주 청약 증거금 환불은 청약일로부터 2일 째되는 날 지급되는 것이 원칙이다. 단 영업일 기준으로 지급되기 때문에 토, 일요일은 산정기간에서 제외된다.

공모주 청약 증거금은 대부분의 투자자가 대출로 자금을 조달한다. 대출금리가 낮다고는 하지만 신용대출금리는 여전히 높다.

인기가 많은 공모주는 1,2천만 원 투자해서 보통 1주 정도를 받는 것이 현실이다. 이 경우 10주를 받기 위해 필요한 자금이 1억 원에서 2억 원에 이른다. 단 1주를 배정받기 위해서 지불하는 대출 이자가 공모주 청약으로 얻게 되는 이익보다 더 클 수도 있다. 공모 주 청약도 주식투자라는 사실을 잊지 말고 손익분석을 철저히 하 고나서 투자를 해야만 한다.

그림그릴 시간에
기업을 공부해

투자로 성공하기 위한 가장 좋은 방법은 뭘까? 이에 대한 의견은 제각각 다를 것이다. 하지만 조금만 생각해보면 답은 명확해진다. 투자로 성공하기 위한 가장 좋은 방법은 기업을 공부하는 것이다. 이것이 성공의 지름길이다. 그러니 투자로 성공하고 싶다면 지금부터라도 기업을 공부하기 바란다.

너무 막연하게 들릴지 모르겠지만 이 말에는 과학적 근거가 충분하다. 우리가 투자하는 거의 모든 투자 상품이 기업으로부터 나오기 때문이다. 우리가 증권시장에서 투자하는 주식, 채권, 자산유동화 증권, CP의 발행주체가 누구인가? 바로 기업이다. 기업을 공부하면 투자의 답이 나온다. 애먼 데 시간 뺏기지 말고 기업을 공부하라.

기업은 자금을 조달하기 위해 다양한 형태의 유가증권을 발행한다. 우리는 증권의 유통시장인 증권시장에서 증권에 투자한다. 또 금융회사가 판매하는 다양한 간접투자 상품인 신탁, 수익증권, 펀드도 다 기업이 발행하는 유가증권으로 자산을 운용하는 것이다. 이러니 우리가 금융상품에 투자하는 것은 바로 기업에 투자하는 것과 똑같은 게 아니고 무엇이겠는가?

세상에 절대적으로 좋은 투자 상품이란 없다. 또 절대적으로 나쁜 상품도 없다. 투자 상품은 상대적인 것이며, 시장의 변동성에 따라 달라진다. 세상에 존재하는 거의 모든 금융상품은 기업으로부터 나온다.

세상을 살다 보면 기회는 반드시 한번쯤은 찾아온다. 그러나 준비가 안 된 사람은 기회가 와도 그것을 무참히 날려버리는 일이 다반사다. 투자도 마찬가지다. 돈이 있어도 주체적으로 투자할 준비가 되어 있지 않으면 힘들게 돈을 모았어도 그 돈을 허망하게 까먹을 수 있다. 나는 사회생활 초기부터 적어도 특정 업종에 대해 애널리스트 정도의 실력을 쌓으라고 권하고 싶다. 특정 분야에 관심을 가지고 자료를 찾다 보면 그 과정에서 누구나 노력만으로도 전문가 수준의 지식을 갖출 수 있다고 생각한다.

우리가 일상에서 소비하는 제품들 중에서 시장에서 가장 잘 나가는 것이 무엇인가? 스마트 폰은 삼성의 갤럭시 시리즈, 자동차는 현대와 기아, 수퍼마켓 진열대에서 가장 많은 제품군을 차지하고 있는 것은 오뚜기, CJ제일제당, 롯데칠성, 빙그레 등의 제품이다. 우리는 이들 회사의 상품만을 소비하는 것이 아니다. 역으로 이들 기업이 발행하는 주식, 채권, 채권 관련 상품에 투자한다. 따라서 이들 기업은 우리 지갑을 터는 존재이기도 하지만 동시에 우리 지갑을 채워주는 존재이기도 하다.

이제 기업은 일반적 상품과 서비스를 제공하는 곳이라는 생각에서 벗어나기 바란다. 좋은 기업이 발행하는 다양한 유가증권은 우리의 가처분소득을 늘려주는 효자 역할을 할 수 있다. 그래서 투자에서도 기업을 공부하는 것 이상의 좋은 투자 방법은 없다. 또 이것이 투자의 정석이기도 하다.

기업의 경영현황을 어떻게 알 수 있는가? 특정 엔터테인먼트 회사가 제작한 미니시리즈 시청률이 20%를 넘는 고공행진을 한다고 해서 그 기업의 경영현황이 우수한 것인가? 아니다. 언론에서 각광받는 것과는 달리 그렇게 각광받는 그 순간에도 기업의 경영현황은 최악으로 치닫는 경우가 많았다. 특정 기업의 경영현황은 일시적으로가 아니라 꾸준히 그 기업의 경영성과를 관찰하고 이해관계자들의 투자 만족도를 객관적으로 평가한 후에 말해야 한다.

이것을 객관적으로 측정하고 평가할 수 있는 자료가 있으니, 재무제표가 바로 그것이다. 기업의 재무제표는 학생이 시험을 치르고 그 결과를 평가 받는 성적표와 같은 것이다. 다만 그 기간은 한 번에 끝나지 않는다. 1년간의 경영활동을 수치로 기록해 평가한다.

학생들은 시험성적으로 자신이 원하는 대학에 진학할 수 있는 근거를 만든다. 대학도 이 자료를 학생을 선발하는 주요한 데이터로 활용한다.

기업도 마찬가지다. 기업의 경영성과를 기록한 재무제표를 기초로 해서 기업을 주식시장에 상장시킬 수도 있고, 결과가 나쁜 경우는 퇴출되기도 한다. 퇴출을 모면했다고 해도 기업의 재무제표가 나빠져 기업 리스크가 높아졌다고 판단되면 신용평가기관에 의해 해당 기업의 신용등급은 낮춰진다. 이에 따라 이 기업의 채권, CP의 발행금리가 높아지고 투자 위험은 커진다.

결국 기업의 자본시장 내에서의 생살여탈권을 재무제표가 쥐고 있다고 해도 과언이 아니다. 그렇기 때문에 재무제표는 엄격한 기준에 따라 작성되며, 이를 토대로 투자자는 기업의 가치를 평가해 투자를 할지 말지를 결정한다.

기업의 주가는 기업의 경영성적표라고 할 수 있는 재무제표의 결과에 큰 영향을 받는다. 기업이 발행하는 고수익 확정금리 상품인 회사채, CP 등의 발행금리도 재무제표 평가 결과에 따라 결정되는 것이 일반적이다. 따라서 기업 공부의 첫 번째 미션은 기업의 재무제표를 분석하고 평가하는 공부다. 이처럼 재무제표는 기업이 자금을 조달하는 데 매우 중요한 기준이 되기 때문에 일부 기업은 이를 조작하기도 한다. 아래 기사를 보라.

"기업들 재무제표 손익 부풀리기 여전"

기업들이 재무제표를 작성하면서 손익을 부풀리는 사례가 지난해에도 여전했던 것으로 나타났다. 이중 단기손익, 잉여금, 자기자본 등에 영향을 미치는 사항이 61건으로 가장 많은 것으로 조사됐다. 최근 3년간 유형별 위반 건수에서도 손익 사항이 236건(64.7%)으로 압도적으로 많았다. 이중 대손충당금 과소계상(50건), 유가증권 과소계상(45건), 매출액, 매출채권 과대계상(27건)이 가장 빈번하게 적발됐다. 그밖에 지급보증 담보제공 및 특수 관계자 거래 등 주석사항을 미기재한 사례도 빈번하게 적발된 것으로 나타났다. 시장별로는 코스닥 상장법인의 위반회사 수 및 위반비율이 유가증권 상장법인보다 높은 것으로 집계됐다.

금감원 관계자는 "상장 폐지 모면을 꾀하기 위해 가장납입 및 횡령, 배임, 은폐 등을 위한 분식회계 사례도 다수 적발되고 있고 또 그 기법이 갈수록 교묘해지고 있다"며 "회계분식 적발 빈도가 높은 계정과목에 대한 감리는 강화하는 한편 분식회계 또는 부실감사가 발견될 경우 엄정하게 조치할 예정"이라고 말했다.

<뉴스토마토>

재무제표란 무엇인가?

재무제표는 회사와 이해관계가 얽혀 있는 사람들에게 회사의 재무 상태를 알려주는 서류를 말한다. 오늘날의 기업은 매우 복잡한 이해관계로 얽혀 있다. 해당 기업의 주식에 투자하고 있는 투자자, 기업에 자금을 대출해준 금융회사, 기업에 대해 세금을 징수하는 세무당국 등이 그런 이해당사자들이다. 이들에게 기업 재무 상태를 알려주는 객관적이고 공신력이 담보되는 보고서가 바로 재무제표다.

현재 우리나라에는 등기부등본에 법인기업으로 분류되는 회사만 약 20만 개나 있다. 이렇게 많은 회사들의 재무 상태를 기록하고 평가하는 데 공통의 양식이나 작성방법이 없다면 엄청난 혼란이 일어날 것이다. 그래서 이런 혼란을 사전에 방지하고 재무 상태 기록을 통일하도록 강제하는 것이 기업 회계기준이고, 재무제표는 이에 기초하여 작성된다. 이처럼 기업은 회사의 재무 상태를 기업 회계기준에 따라 통일된 양식으로 작성하고, 회사와 이해관계가 얽혀 있는 이해관계자들 등을 외부에 공개한다.

재무제표를 작성하고 해석하는 가장 일반적인 기준은 '기업 회계기준'이다. 이 기준에 따라 대차대조표, 손익계산서, 이익잉여금처분계산서, 현금 흐름표 그리고 주식 및 부속명세서 등을 포함해 재무제표라고 규정한다.

재무제표는 경영활동을 요약한 회계보고서를 종합한 것을 말한다. 재무제표는 모든 회계처리 과정을 통해 만들어지는 최종 산물이다. 또 재무제표상의 회계정보는 이를 필요로 하는 회계정보

이용자들에게 전달하여 기업에 관한 의사결정을 할 때 판단의 근거가 될 수 있도록 객관적 자료를 토대로 하여 작성되어야 한다.

기업 재무제표에서 우선적으로 봐야 할 것은 매출액, 영업이익률, 매출채권 비율, 부채비율, 현금 흐름 등이다. 이 데이터들은 증권사나 금융 감독원, 증권거래소 등에서 전년도 재무제표를 구해 볼 수 있고, 금융 감독원 전자공시실에서 인터넷으로 열람할 수도 있다.

재무제표에서 아주 중요한 대차대조표는 개인의 재산 목록 표와 같은 것이다. 대차대조표는 기업의 자산과 부채를 총괄적으로 설명하는 재무제표로, 쉽게 생각하면 개인의 재산 목록 표와 같은 역할을 한다고 보면 된다.

대차대조표에서는 매출액 대비 매출채권 비율, 재고자산 비율, 부채 비율 항목을 주의 깊게 봐야 한다. 예를 들어 해당 기업의 전년도 매출액 대비 매출채권 비율이 130%였던 기업이 올해 결산기에 110%로 낮아졌다면, 이것은 지난해에 비해 매출채권의 현금화 비율이 상승한 것으로 기업의 현금 흐름이 대폭 개선됐다는 뜻이다. 이와 관련해 재고자산이 급증한 기업은 우선 분식결산(회계조작) 가능성을 의심해봐야 한다. 예전 사례를 보면 기업이 기말 재고자산을 부풀려 이익을 과대계상하는 경우가 많았다. 부채 비율은 업종별 특성을 감안하여 그 평균치를 탄력적으로 적용해야 한다. 부채 비율은 업종 평균치보다 낮을수록 좋다.

다음으로, 손익계산서도 재무제표에서 중요하다. 손익계산서는 한마디로 판매비용 대비 이익을 분석한 것이다. 즉, 손익계산서는 기업이 1년 동안 물건을 얼마나 팔았는지, 그리고 물건 판매에 들어간 모든 비용을 제하고 얼마나 남는 사업을 했는지를 알아보는 재무제표다.

손익계산서에서는 매출액 증가율, 영업이익, 매출액 대비 영업이익 증가율을 중점적으로 살펴봐야 한다. 매출액 증가세가 지난 몇 년간 꾸준히 유지되고 있는지, 아니면 매년 그 변동 폭이 들쭉날쭉한지를 주의 깊게 봐야 한다. 기업의 수익성은 영업이익을 기준으로 한다. 순이익이 대폭 감소해도 영업이익의 상승세가 유지되면 주가에는 부정적 요소보다는 긍정의 요소가 더 많다. 매출액 대비 영업이익률 증가율도 중요하다. 영업이익 증가율이 매출 증가율보다 높다면 지난 1년간 수익성이 개선된 것으로 평가받는다.

그런데 금융업은 제조업과 다르게 평가해야 한다. 금융회사의 영업수익은 제조업체의 매출액에 해당한다. 또 은행은 부실채권에 대한 대손충당금을 적립해야 하기 때문에 순이익 규모에 주목해 평가해야 한다.

대차대조표, 손익계산서와 함께 기업의 재무역량을 파악하는 데 중요한 것이 현금 흐름표다. 현금 흐름표는 기업이 보유하고 있는 현금 보유 현황과 상태를 알려준다. 수익이 많은 기업일지라도 현금 창출 능력이 미약하다면 부도가 날 수도 있다.

현금 흐름 표에서 가장 중요한 포인트는 영업활동을 통해 유입된 현금으로, 투자자금과 재무활동에 소요되는 자금을 충당할 수 있는지 여부다. 만약 영업활동을 통한 현금 창출 능력이 미흡한 기업이 단기 차입금으로 투자자금을 조달한다면 심각한 자금경색을 겪을 가능성이 높다고 할 수 있다.

이익잉여금 처분계산서는 이익잉여금을 어떻게 처분했고 주주들에게 얼마나 배당했는지를 보여주는 항목이다. 기업이 잉여금 범위 내에서 주주에게 배당을 하기 때문에 배당 여력을 나타내는 지표이기도 하다.

주식투자를 하려면 기업의 경영현황을 파악할 수 있는 재무제표를 기본적으로 봐야 한다. 주석사항도 그중 하나다. 주석사항에는 기업의 지급보증 현황, 특수 관계인과의 거래, 진행 중인 소송 내역 등 기업의 세부 활동내용이 기록되어 있다.

연결재무제표란 무엇인가?

연결재무제표는 모회사와 자회사를 하나의 회사로 보고 작성하는 재무제표다. 즉, 모회사와 자회사를 하나의 회사로 취급하여 연결 대상 회사의 자산, 부채, 매출액, 순이익 등 모든 회계항목을 합산하여 재무제표를 작성하게 된다. 이때 내부거래로 중복된 부분은 제외한다. 예를 들어 자회사가 모회사에 상품을 팔았다면 여기서 발생한 매출은 연결재무제표의 매출액에 포함되지 않는다. 두 회사를 하나의 실체로 간주하기 때문에 내부거래로 상품 이동만 있었을 뿐 실제 매출이 일어났다고 보지 않는 것이다.

연결재무제표를 작성할 때 모든 계열사를 포함시키진 않는다. 지분율이 20~50% 사이이면서 종속회사에 해당하지 않는 계열사는 '관계회사'로 분류해 실적은 지분율만큼 합산해 반영한다.

연결재무제표를 작성하면 기업실적의 왜곡을 줄이는 데 도움이 된다. 지배회사가 실적이 나쁠 경우 계열사에 손실을 미루거나, 아니면 계열사의 이익을 늘려주기 위해 지배회사가 부당하게 지원하는 일이 발생할 수 있기 때문이다.

기업의 주요 재무제표 비율

①유동비율

유동비율은 단기 지급능력을 평가하는 항목이다. 따라서 유동비율은 단기 채무에 충당할 수 있는 유동성 자산이 얼마나 되는지를 나타내는 재무제표 비율이라고 할 수 있다. 이 비율이 높을수록 기업의 단기 채무 상환능력이 양호한 것으로 판단할 수 있다. 유동비율은 산업 전체적으로 20% 이상이면 건전한 상태라고 한다. 일반적으로 유동비율이 높을수록 좋다고 해석하지만, 기업을 경영하는 입장에서는 회사 자산을 효율적으로 이용하지 못한다는 의

미일 수도 있기 때문에 반드시 좋다고만은 하기 어렵다. 유동비율의 계산에 포함되는 재고자산이나 매출채권 같은 항목들의 증가로 인한 유동비율 증가는 기업이 정상적으로 영업활동을 수행하지 못하고 있다는 증거가 될 수도 있다. 유동비율은 (유동자산/유동부채)×100으로 계산한다.

②당좌비율

당좌비율은 당좌자산과 유동부채의 비율을 표시한 것으로, 기업의 지불능력을 보기 위한 것이다. 이 비율이 100% 이상으로서 당좌자산이 유동부채와 같은 금액 또는 그 이상이 되는 게 이상적이다. 일반적으로 유동비율이 200%가 넘고 동시에 당좌비율이 100% 정도 이상이면 기업의 현금 흐름이 양호한 것으로 볼 수 있다. 최근에는 자금 관리 기술의 발달로 대기업의 경우는 당좌비율을 100% 이하로 유지하는 것이 보편적이다. 여기서 주의할 것은 당좌자산에 속한 매출채권의 건전성으로, 매출채권이 정상적으로 회수되지 않는다면 당좌비율이 좋은 것은 의미가 없다. 당좌비율은 (당좌자산/유동부채)×100으로 계산한다.

재무제표 관련 용어

①당좌자산

기업의 현금동원 능력을 말해주는 자산 항목이다. 현금이나 시간의 경과에 따라 현금화되는 자산으로, 환금성이 가장 높은 자산을 말한다. 당좌자산에는 현금, 예금, 유가증권, 외상 매출금, 받을어음, 단기 대여금, 미수금, 미수수익이 포함된다.

②유동부채

대차대조표 상에서 1년 이내에 상환해야 하는 단기성 부채다. 여기에는 외상 매입금, 지급어음, 당좌차월, 미지급금, 선수금, 예수금, 미지급 비용, 미지급 법인세, 유동성 장기부채, 선수수익, 부채성 충당금이 포함된다.

③유동자산

유동자산은 현금화가 단기간에 이뤄지는 당좌자산과 복잡한 제조과정이나 판매과정을 거쳐야만 현금화가 가능한 자산으로 구분된다.

④재고자산

재고자산에는 영업과정에 있는 상품이나 용역 서비스, 생산과정에 있는 자산, 생산을 위해 직·간접적으로 소비되는 자산(원재료, 소모품)이 포함된다.

참고로, '당좌'란 '임금이 앉은 자리'라는 뜻의 한자어로, '즉시'

혹은 '즉석'이란 뜻이다. '유동성'이란 자산을 현금으로 전환할 수 있는 정도를 나타내는 경제용어다.

이제 결론을 얘기하면 이렇다. 재무제표는 인체의 건강지수와 같다. 인체의 건강지수는 특정 항목만 측정하고서 건강한지 어떤지를 평가하지 않는다. 기업의 경영현황과 수준을 나타내는 재무제표도 각종 재무항목을 종합적으로 합산해 평가한다. 기업을 왜 공부해야 하는가에 대해서는 이미 말했다. 기업 공부의 기초 토대가 재무제표다.

주식연계채권으로
주식투자의 위험을 낮춘다

"주식연계채권에 돈 몰린다"

기관 투자가들 "러브콜"

삼익악기 BW 20% 할증, 톱텍 CB 60% 비싸게 발행

|표| 올해 주식 연계 채권 할증 발행 현황

(단위: %, 원)

기업	형태	표면금리	만기 금리	행사가	할증률
삼익악기	BW	0	4.5	1,500	20
	CB	0	5	1,500	20
인터지스	CB	0	1	9,780	25
EW	0	1	9,780	25	
셀트리온	CB	2.75	0	70,750	25
삼진엘엔디	EB	1	5	2,961	19

| 톱텍 | CB | 1 | 7 | 2,961 | 67 |
| 롯데쇼핑 | EB | 0 | 0 | 90,780 | 27.5 |

* 롯데쇼핑은 하이마트 주식교환이 가능한 EB, 행사 가능 하이마트 기준.
* 할증률은 발행 시 가중 평균주가(또는 종가) 대비 행사 가격이 얼마나 높은지를 나타냄.

한국경제신문이 2013년 1분기 중 발행했거나 발행할 교환사채(EB), 전환사채(CB), 신주인수권부사채(BW) 등 메자닌 74건을 분석한 결과 이 중 8건의 행사가가 시가보다 높은 '할증 발행'인 것으로 나타났다. 지난해 할증 발행이 2건이었던 것에 비하면 사례가 많아진 것이다. EB는 기업이 보유하고 있는 주식을 교환할 수 있는 권리가 붙어 있는 채권이며, CB와 BW는 신주로 전환하거나 신주를 인수할 수 있는 채권이다."<한국경제신문>

주식과 채권은 기업이 증권시장에서 자신들이 필요로 하는 운전자금을 직접 조달하기 위해 발행한다. 그러나 이 두 가지 상품은 투자유형에서 상극 관계에 있다고 말할 수 있다. 주식은 발행한 기업의 주가 변동에 따라 주가차익과 배당소득을 얻을 수 있는 반면, 채권은 정기예금과 같이 확정금리를 투자수익으로 지급한다. 주식은 높은 투자수익과 이에 따르는 높은 위험을 수반한다. 반면, 채권은 채권 보유 기간 중 발행 기업이 파산하거나 부도가 나지 않으면 이미 정해진 이자를 만기까지 안정적으로 지급받는 장점이 있다.

주식과 채권의 이런 장점을 동시에 취하는 투자 상품이 바로 주식 연계 채권이다. 주식 연계 채권은 채권처럼 확정이자를 보장받으면서 옵션 권을 이용해 주가차익도 취할 수 있다. 주식 연계 채권은 사전에 정해놓은 가격으로 주식을 받을 수 있는 콜 옵션을 제공하는 회사채를 기업이 자금 조달을 위해 발행하는 채권이다. 따라서 발행기업의 주가가 오르면 사전에 정한 가격으로 주식을 인수해 자본이득을 얻거나, 주가 상승의 이점이 없을 경우는 옵션을 행사하지 않고 채권의 발행금리를 만기까지 안정적으로 지급받을 수 있다. 옵션권이 부여된 주식 연계 채권은 일반적으로 낮은 표면금리로 발행된다.

|표| 주식 연계 채권의 종류와 특징

구 분	CB(전환사채)	BW(신주인수권부사채)	EB(교환사채)
공통점	일정기간 미리 정해놓은 가격으로 주식을 취득할 수 있는 권리가 부여된 회사채		
취득 주식	채권, 발행회사 주식	채권, 발행회사 주식	채권, 발행회사가 보유한 타사 주식
주식 취득 후 회사채의 권리	자연 소멸	유지(분리형의 경우)	자연 소멸

CB는 주식으로 전환할 때 채권 발행회사의 자기주식으로만 교환이 가능하다. EW는 주식으로 바꿀 경우 새로 주식을 발행할 필요 없이 타 회사의 보유주식을 바로 교환할 수 있어서 콜 옵션 행사 이후 현금화할 때 주가 변동 위험이 적다. 분리형 BW는 신주인수권을 행사해도 채권 권리가 소멸하지 않고 유지된다.

주식 연계 채권 투자 포인트

첫째, 금감원 전자공시나 경제신문의 공시란을 꼼꼼히 체크하고 투자한다. 주식형 채권의 공모 일정은 공정 공시사항으로 공모 2주일 이전에 정보가 새나가는 경우 공시 위반으로, 반드시 공시란을 통해서만 투자정보를 확인해야 한다.

둘째, 반드시 투자회사의 신용등급을 체크한 후에 투자한다. 주식 연계 채권은 기업이 발행하는 회사채다. 따라서 발행기업이 부도가 나면 투자원금을 날릴 수 있다. 재무상태가 좋지 않아 정상적으로 증권시장에서 자금을 조달하기 어려운 기업 중에는 주식 연계 채권을 이용해 자금을 조달하는 편법을 쓰는 경우가 있다. 실제 재무상태가 안 좋은 코스닥 기업은 은행대출이 어렵고 유상증자가 법으로 금지될 경우 편법으로 주식 연계 채권을 발행한다. 주식 연계 채권 발행기업의 신용등급은 최소한 투자 적격 최소 등급인 BBB- 이상은 되어야 한다.

셋째, 주식 연계 채권은 금리보다 옵션권을 행사해 자본이득을 얻는 것이다. 따라서 옵션권을 행사하고 소멸하는 전환 청구기간을 사전에 반드시 알아두어야 한다.

|표| 주요 주식 연계 채권의 투자수익률

종목	발행일	발행금액	수익률		
			회사채	BW	총계
코오롱BW	2009년 2월 26일	1,000억 원	4%	24%	28%
기아차BW	2009년 3월 19일	4,000억 원	7%	352%	359%
대한전선	2009년 6월 5일	3,500억 원	8%	8%	16%

* 수익률은 2010년 5월 13일 기준 연간수익률(가지급금 이자 포함)

(자료: 아이투신운용)

이 책에서 소개하는 투자 상품은 초보자에게는 낯선 상품이다. 초보자가 지금까지 알아왔던 금융상품은 대개가 은행권, 보험사 금융상품으로 프레임이 한정되어 있었기 때문이다. 이 문제는 알고 모르고의 차이가 아니다. 지금과 같은 저금리 아래에서는 은행권 상품의 실질금리는 제로다. 그러나 이들 상품은 위험만 잘 관리해 투자하면 은행권 상품과 비교해 수익률에 큰 차이가 있다. 여기에 소개하는 주식 연계 채권도 그 중 하나다.

현재의 경제구조는 대주주, 투자자, 금융권 등의 복잡한 이해관계가 얽혀 있어 특정 경제사안을 단순하게 받아들여서는 안 된다. 기업은 일반사채를 발행하면 되는데도 왜 투자자에게 투자 장점이 큰 주식 연계 채권을 발행하는 걸까? 이 문제 역시 단순하게 보면 주식 연계 채권의 옵션권이 투자자에게 유리한 것처럼 보이지만, 기업과 기업의 대주주 역시 주식 연계 채권의 발행으로 얻는 이점이 상당하다.

이를테면 이런 식이다. 대기업이 신생 계열사를 만들면서 대주주에게 일정 기간이 지난 뒤 주식으로 전환할 수 있는 전환사채를 액면가로 발행하고, 이를 대주주 일가에게 몰아준다. 대기업은 신생 계열사에 기업 관련 매출을 몰아주어 기업 가치를 충분히 높인 후 유가증권 시장에 상장시킨다. 상장 후 기업의 주가는 급등해 액면가 대비 50배 이상 오른다. 그러면 기업의 대주주는 정해진 수순에 따라 옵션 권을 행사하고, 이로써 이 기업의 대주주는 막대한 자본이득을 얻게 된다. 대기업의 2, 3세 상속자는 이런 식의 옵션권 행사로 얻은 막대한 자본이득으로 모기업의 지분을 늘려 상속세를 최대한 회피하면서 합법적으로 모기업의 지배권을 확대한다.

이와 관련하여 연상되는 기업이 있는가? 삼성, 현대자동차 등 경영 승계가 바로 이 방법으로 이루어졌다는 것을 모르는 사람은 없을 것이다.

이처럼 자본의 대물림으로 주식 연계 채권이 활용되기도 하고, 또 기업의 자금 흐름에 문제가 생겼을 때 투자자의 돈을 끌어들이기 위해 옵션 권을 부여한 채권을 발행하기도 한다. 이 경우 주식 연계 채권은 기업이 발행의 모든 위험을 책임지는 회사채의 변종이라는 사실을 잊지 말고 투자 위험을 간과해서는 안 된다. 만약 옵션 권을 행사하기도 전에 기업이 파산하면 주식 연계 채권은 바로 휴지조각이 될 수도 있다.

투자의 세계에서 위험과 기회는 동시에 찾아온다. 그래서 위기라는 말이 있는 것이다.

메자닌(Mezzanine)이란 말은 이탈리아어로 건물 1층과 2층 사이에 있는 라운지 등의 공간을 의미한다. 이 말이 금융용어로 쓰이기 시작하면서 메자 닌 금융은 주식과 채권의 중간지대에 위치하면서 그 둘의 장점을 결합한 상품, 다시 말해 채권으로 발행되지만 채권에 주식으로 전환하거나 기업이 보유한 주식으로 교환할 수 있는 옵션이 부여된 채권, 곧 주식 연계 채권을 일반적으로 부르는 용어로 쓰인다.

아래는 메자닌과 관련된 신문기사다.

"짜장면과 짬뽕처럼 주식과 채권은 언제나 투자자에게 선택을 강요한다. 채권은 기업이 망하지 않는다면 미리 정한 이자를 정기적으로 취할 수 있는 안정성이, 주식은 어느 정도 리스크를 감안한다면 대박을 노릴 수 있는 것이 장점이다. 주식 연계 채권(메자닌)은 이자와 주가 차익을 동시에 노릴 수 있는 투자시장의 '짬짜면' 같은 메뉴다. 미리 정해놓은 가격으로 주식을 받을 수 있는 권리인 콜 옵션을 덤으로 얹

어주는 회사채로 설명할 수 있다."<이 투데이>

이 기사 내용에서 보듯이 우리가 중국음식점에 가서 짜장면과 짬뽕 사이에서 무엇을 선택할 것인가의 고민을 해결해준 새 메뉴가 짬 짜 면인 것처럼, 자본시장에서 주식과 채권이라는 양 극단의 상품 중 어느 것을 선택할 것인가 하는 데서 주식투자의 위험은 낮추고 채권투자보다 높은 기대수익률을 원하는 투자자의 요구에 부합하는 상품이 주식 연계 채권, 즉 메자닌 이라고 불리는 상품이다.

15

미국의 금리인상
저금리 마감의 신호탄

국가가 금융시장에 인위적으로 개입해서 자국의 통화를 늘리는 양적완화 정책은 자국의 내수 경제를 부활시키고 수출을 늘리 는 긍정적인 정책적 효과가 있지만 상대국의 경제는 반대의 경제효과 가 발생한다. 지금 세계는 내수경제의 침체 극복, 수출의 증가를 노리고 적극적인 양적완화 정책을 실시하고 있다. 이제 양적완화정책은 긍정적 효과 보다 부정적 영향이 더 커지는 시점이다.

미국이 8년에 걸친 양적완화 정책이 사실상 막을 내리고, 금리 인상에 대한 여론이 고조되고 있다. 미국 연 준의 금리정책은 국내 증시에도 매우 큰 영향력을 미친다. 과연 미국의 금리인상은 현실화 될 것인가. 이것이 국내 금융시장에 미치는 영향을 심각하게 생각 해봐야 할 시점이다.

미국의 금리인상은 저금리를 피해 상대적으로 금리가 높은 신흥시장에 투자됐던 글로벌 자금흐름에도 상당한 변화를 몰고 올 것이다. 이미 신흥국에서 자금유출피해가 속속 드러나고 있다. 미국의 금리인상 이전부터 반복돼온 금리인상 시그널로 시장에 충격을 완화 시킬 수는 있겠지만 단기적인 충격은 불가피하다.

금리인상에 따른 단기적인 유동성 경직으로 증시가 하락할 가능성은 커진 것은 맞지만, 추세적인 하락이라기보다는 2보 전진을 위한 1보 후퇴 정도로 해석하면 될 것이다.

미국이 금리를 인상한다는 것은, 그만큼 경기 회복세가 뚜렷하게 가시화 된다는 신호임으로 오히려 증시에서는 중단기적으로 호재로 작용할 가능성도 높다. 결론적으로 말해 미국의 금리인상에 너무 민감하게 반응할 필요는 없으며, 증시상승의 호재 역할을 할 가능성도 있다.

미국이 과거에 저금리를 탈출할 때 시장은 생각을 안 하고, 너무 빠른 속도로 금리를 올려 세계경제에 충격을 주었던 아픈 기억이 있었기 때문에 이번에도 똑같은 오류는 범하지 않을 것으로 예상해 볼 수 있다.

과거 미국 연준이 1994년 2월부터 불과 1년 동안에 3%였던 기준금리를 6%로 3%나 급하게 올리면서 신흥국에 투자됐던 돈이 미국으로 급속히 빠져 나가면서 멕시코, 러시아 등의 신흥국이 국가 부도의 위기를 겪었다. 당시 국내증시도 주가 대폭락의 위기를 겪었다. 미국의 금리인상은 국내에 투자한 돈이 빠져나가는 악재임이 분명하다. 그러나 현재의 미국금리인상은 과거처럼 급격한 금리인상은 피할 것임으로 국내증시가 받는 영향은 과거와 다를 것이다.

미국이 금리인상의 결정은 신중하게 시행될 것이다. 그리고 금리인상 이후 경기가 후퇴하거나 그 부작용이 더 크게 나타나면 금리인상을 폭을 축소하거나 정책시행을 미룰 수도 있다.

이번 미국의 금리인상은 과거와 달리 완만한 속도로 진행될 것으로 예상해 볼 수 있으며, 시장은 기준금리가 장기적으로 정상적인 수준으로 회복하기에는 꽤 오랜 시간이 걸릴 것이다

미국금리인상에 대해 시장이 신중론에 무게를 두는 이유는 금리인상이 세계경제의 불황 뿐 아니라 미국경제 회복에도 부정적 영향을 줄 수 있다는 시각이 우세하기 때문이다. 미국의 금리인상은 한국경제에 어떤 영향을 줄 것인가. 앞서도 얘기 했지만 미국 금리인상은 당장 한국증시에서 외국인 자금의 이탈이 현실화 될 것이다. 한국증시에서 미국계 외화자금이 차지하는 비중은 전체의 약 35%로 150조원에 이르고 있다.

미국이 금리를 올리면 우리나라를 포함해 소위 이머징 마켓이라고 부르는 신흥국 증시에서도 자금이탈 현상이 동시에 발생한다.

2013년에 미국 연 준이 양적완화 축소 움직임을 보였을 때도 일시적 현상으로 끝났지만 신흥국에서 자금이 빠져나가 대혼란

이 발생했다.

미국의 금리 인상의 문제는 단지 미국만의 문제가 아니다.

다만 긍정적인 부분은 한국경제는 경상수지 흑자, 충분한 외환 보유고 등 경제의 기초적 여건이 튼튼하기 때문에 다른 신흥국과 비교해 그 충격이 크지 않을 것으로 예상해보지만, 시장의 변동성 이라는 것이 누구도 예측할 수 있는 것이 아님으로 냉정하게 지켜 보고 이에 따른 대응전략을 짜여만 한다.

미국이 금리를 인상하더라도 일본 유럽 등의 주요경제국은 여 전히 내수경기, 수출경기의 회복을 기대하며 양적완화정책을 고수 하고 있고, 한국은행도 지속적으로 기준금리를 낮추고 있다는 점 에서, 미국 독단의 금리인상이 미치는 영향은 과거에 비해 적을 수 밖에 없다. 그러나 이들 나라도 양적완화정책의 축소, 중지 등 의 테이퍼링 정책을 본격화한다면 시장은 큰 혼란에 빠질 가능성이 있다.

미국이 금리를 인상하면 미국과 적절한 금리 차를 유지하기 위 해, 한국 역시 금리인상에 대한 압력이 심해질 것이다. 금리인상 시점에는 기준금리 보다 시장금리가 더 가파르게 상승하는 경향 이 있다. 이렇게 되면 어떤 현상이 벌어지겠는가. 우리나라의 가계 빚의 총액이 1200조 원에 이르고 있다. 금리인상은 당장 가계 빚 대출금리를 높여, 원리금상환에 대한 부담이 커지게 되고 이로 인 해 내수경기 위축이 발생한다. 금리인상으로 저금리가 만든 유동성의 거품이 꺼지게 되면 실물자산의 가격은 하락하고, 자금 유출 현상도 심해질 것이다.

정부와 한국은행은 이런 상황을 의식해 미국이 금리를 올리더라도 금리인상에 소극적으로 대처할 수 밖에 없을 것이다.

주식시장에 서 정말 큰 장은 저금리로 인해 시중유동성이 증시에 몰려들어 주가를 부양하는 금융장세라고 말한다. 주식투자가 개별종목의 경영성과에 의해 주가가 결정된다는 사실은 부인할 생각은 없지만 외국인, 기관이 주도하는 국내증시에서는 이들의 포트폴리오 전략에서 금리는 변수가 아니라 상수가 된지 오래됐다는 점에서 미국금리인상이 우리주식시장에 미치는 영향은 항상 주의 깊게 분석해 봐야한다.

미국의 금리인상은 단순한 경제현상이 아니다. 10년 주기설의 주식시장 폭락의 시발점이 될 수도 있다.

초 저금리로 풍부해진 유동성이 만든 거품에 취해있는 국내 금융시장에서 금리인상이 단행되면 시장은 유동성 긴축이라는 악재에 즉각적으로 대처하기 어렵다. 1997년 아시아 발 금융위기를 복기해보면 그 원인이 미국의 급격한 금리인상으로 인해 자금이 유출되면서 시작된 것이다. 시장에서는 금리 인상이라는 시그널만으로도 금융시장이 요동을 친다.

미국의 금리인상은 세계금융시장 특히 신흥국 금융시장은 심한

변동성을 보여주었다. 우선 금리인상에 그 수익률이 심하게 영향 받는 채권, 채권 형 펀드에서 자금유출이 가시화 된다. 미국의 금리인상은 또 일부이지만 원자재를 자국의 경제기반으로 삼고 있는 나라에서는 원자재 가격의 폭락이 자국경제를 디폴트 상황에 직면하게 할 수도 있다. 이렇게 되면 신흥국들의 금융시장은 붕괴되고, 그 영향은 주요선진국 경제에도 부메랑이 되어 급속한 경기 침체로 이어질 가능성이 커진다. 우리가 미국금리 인상 여부에 지나칠 정도로 관심을 갖는 이유이기도 하다.

미국은 경기회복이 가시화 됐다는 자신감에 금리인상을 단행했지만, 지금까지 미국이 양적완화 정책을 끝내는 쪽으로 방향을 바꿨어도, 유동성 공급을 대신한 유럽연합과 일본이 건재해 세계경제에 미치는 영향이 크지 않았지만, 만약 유럽연합 일본마저 양적완화 정책을 중지한다면 글로벌 금융시장은 크게 요동을 치게 될 것이다. 지금까지 미국이 양적완화정책을 끝낸다고 해도 신흥국을 포함한 많은 국가들이 건재할 수 있었던 배경에는 유럽연합과 일본이 유동성을 시장에 공급하였기 때문이다. 따라서 이들 국가마저 양적완화정책을 종료한다면 세계경제는 더 큰 혼란에 빠질 수밖에 없다.

16

주식 시간을 지배하는 사람이
부자가 된다

주식 투자로 성공하는 것은 매우 어렵다. 그래도 성공의 근사치에 이르는 방법은 시간을 지배하는 투자를 하는 것이다.

현재 주식 투자를 둘러싼 환경은 매우 복잡하고 변동성 또한 훨씬 커졌다. 그러나 역설적으로 투자종목을 고르기는 오히려 쉬워졌다. 다시 말하면, 돈 되는 종목과 돈 안 되는 종목의 경계가 뚜렷해졌다.

어느 업종이든 업종 대표주의 시장지배력은 강화되었다. 우리나라 산업의 기업 간 양극화가 뚜렷이 진행되면서 주가 양극화 현상이 가시화되고 있다. 따라서 이에 해당되는 종목들, 이를테면 소위 블루칩이라고 부르는 대형 우량주에 투자하면 주식 투자로 성공할 가능성이 현저히 높아 졌다. 여기에 해당되는 종목들의 예를 들자면 내수시장에서 시장지배력이 확고한 태평양화학, 오뚜기, CJ제일제당, 농심, 롯데칠성 같은 것들이다.

"오뚜기의 주가는 200일 장기 이동 평균선의 지지를 받고 거래량도 증가하여 상승 마감했다. 2일 오뚜기 주가는 전일 대비 6.60%(2만 1500원) 상승해 34만7500원에 거래를 마쳤다. 거래량은 4527주로 전 거래일의 3211주에 비해 약 140% 급증했다. 오뚜기 주가는 2013년 4월 30일 최고가 47만7000원을 기록한 후 하락 추세를 이어가고 있다. 이날 주가상승률이 매우 높았음에도 불구하고 최고가 대비 여전히 27% 떨어진 가격이다."(<컨슈머 타임즈> 2013년 9월 2일)

이 기사 내용대로 오뚜기 주가는 2013년 4월 30일 47만7000원으로 최고가를 기록한 후 약 27% 떨어진 상태다. 금융위기의 여파가 계속되던 2009년 10월 31일의 오뚜기 종가는 7만9500원이었다. 그 당시와 비교해도 여전히 주가가 네 배 이상 오른 상태다. 빙그레 역시 2009년 10월 10일의 종가는 2만7950원이었다. 그러나 금융위기가 걷히자 특별한 호재가 없었음에도 2013년 3월 15일 주가는 4.5배가 올라 14만원을 기록했다. 이 종목들은 일시적 불황으로 주가가 떨어질 때가 있더라도 시장이 다시 반등하면 시장지배력은 더 강화되고, 대개의 경우 주가가 반등할 때마다 신 고가를 갱신해나간다. 이것이 내수 관련 독점적 기업의 주가 특성이다.

금융위기가 와서 시장이 공포에 질려 있을 때가 사실은 이들 종목들에 투자할 기회였다. 주식 투자의 격언 중에 "남들이 욕심낼 때 두려워하고, 남들이 두려워할 때 욕심내라"라는 말이 있다. 이 격언을 흘려듣지 말기 바란다.

자신의 여유자금만으로 투자한 사람과 신용으로 빚을 내서 투자한 사람 간에는 주가 향방에 따라 명암이 확연하게 갈린다. 대형 우량주는 고비가 지나면 반드시 오른다는 판단이 서도 빚내서 투자한 사람은 주가가 조금만 밀려도 주가가 오르는 것을 보지 못하고 손절매 하기에 바쁘다.

주식 투자에서 투자와 투기의 경계를 어떻게 나눌 것인가. 이를 명확하게 말할 수는 없다. 그러나 단기차익을 노리고 빚 내서 주식을 하는 사람은 그가 부인하더라도 투기를 하고 있는 것이다. 주식 투자는 빚 내서 투자하는 순간 그 위험이 크게 증폭된다.

주식 투자의 기대수익률은 개인의 투자성향에 따라 다 다르겠지만 매월 수수료 제외하고 2%의 수익률만 나와도 성공하는 것이다. 물론 수익률을 꾸준히 유지하는 일은 어렵다. 주식 투자는 매월 2%의 수익률만 나와도 수익률이 복리로 체증되는 구조 때문에 연 수익률로 따지면 30%가 넘는다.

하지만 수익률에 너무 민감하게 반응하지 말기 바란다. 이 정도의 수익률을 기대하고 투자하는 사람은 과도하게 빚내서 스스로 위험을 자초할 필요가 없다. 주가 양극화가 대세로 자리 잡은 현재 주식시장에서는 대형 우량주를 중심으로 자기 돈으로 장기간 투자하는 사람이 성공 확률을 높일 수 있다.

주식 투자는 시간을 지배하는 사람이 성공한다.

17

핵심사업에 집중하는 기업에 투자하라

이른바 내재가치 투자법에서는 미래의 실적이 반영되지 않은 저평가된 종목을 발굴하여 남보다 일찍 투자하면 성공한다고 말한다. 그러나 누구나 이런 종목에 투자하기를 꿈꾸지만 이런 조건을 가진 종목을 발굴한다는 건 쉬운 일이 아니다. 그 대신 익숙한 기업 중에서 어느 날 방만한 사업은 정리하고 핵심사업에 집중하는 기업이 바로 이런 조건에 해당되는 기업일 확률이 높다. 그 대표적 기업이 오리온과 아모레퍼시픽이다.

오리온과 아모레퍼시픽의 주가는 우량주를 넘어 귀족주로까지 평가받고 있다. 온라인을 수익모델로 하는 기업을 제외하고 주가가 100만원이 넘는 종목은 삼성전자 빼고는 거의 없다. 그런데 신기술 사업도 아니면서 한 주의 가격이 100만원에 이른다는 것은 경이로운 일이다. 어떻게 오리온과 아모레퍼시픽은 투자자가 주식을 사기 위해 줄을 서는 명품기업 반열에 올라선 것일까. 그것도 몇백 원하는 과자를 팔아서, 또 소비자가 일상적으로 소비함에도 시장 경쟁이 거의 레드 오션 수준인 화장품업계에서 어떻게 이런 일이 일어날 수 있었을까.

국내 대부분 재벌 오너는 한 분야에서 성공하면 문어발식으로 계열사를 늘리는 일에 몰두한다. 그러면서 이렇게 하는 것이 한 가지 사업에 집중할 때 야기되는 사업의 위험을 줄이고 수익을 강화할 수 있는 포트폴리오 전략이라고 그럴듯한 명분을 갖다 붙인다. 하지만 현재 명품기업으로 평가받는 기업은 그들과 달리 갖고 있던 계열사를 모두 처분하고 핵심사업에 그룹 역량을 집중 시켰다. 그럼에도 영업이익은 크게 늘고 주가는 수십배 이상 뛰었다.

오리온이 주요 계열사인 바이더웨이, 메가박스, 온미디어, 와이즈온 등의 계열사를 팔아치우자 주식시장에서는 오리온이 자금경색으로 인해 미래 성장 동력인 사업 분야를 파는 것이라고 우려했다. 그런 우려는 실제로 주가 하락으로 나타났다. 우려가 현실이 된 것이다. 계열사를 팔아치우기 전인 2006년 말 30만원에 가깝던 오리온의 주가는 2008년 말 12만원까지 떨어지는 곤욕을 치렀다. 하지만 이런 시장 반응에도 불구하고 오리온은 시장의 동요에 무덤덤하게 대응하며 뚝심 있게 본래의 핵심사업에 역량을 집중하는 전략을 고수했다. 그 결과 오리온 주가는 2013년 2월 12일

종가를 기준으로 99만4000원으로 한 주당 주가가 100만원에 가까운 명품 귀족주가 됐다. 개당 몇 백 원에 불과한 초코파이가 이 모든 변화의 중심이었다.

내 기억 속에 아모레퍼시픽의 모태였던 태평양그룹은 계열사만 많았지 재무역량은 형편없었다. 1990년대의 태평양그룹은 재무역량은 형편없었으나 재벌놀이에 흠뻑 빠져 있었다. 그룹의 재무역량을 볼 때 계열사를 늘리는 것은 더 큰 위험에 빠지는 일이었음에도 건설, 증권, 저축은행, 제약 등 온갖 잡다한 계열사가 30개에 이르렀다. 그러나 모기업인 태평양화학의 한 주당 주가는 1만원도 되지 않았다. 기업의 사업성과를 높이고 수익성을 강화하기 위해 만든 계열사가 오히려 부실해지는 바람에 모기업의 정상적인 경영에 피해를 주는, 개의 꼬리가 몸통을 흔드는 결과를 초래한 것이다.

그러나 태평양그룹은 세대교체 이후 거의 모든 계열사를 정리하고 본래 핵심 업종이었던 화장품 사업에 역량을 집중한 결과 2000년대 중반까지만 해도 2~3만원 대에 불과하던 태평양화학의 주가가 10년이 지난 지금은 수십 배 이상이나 올랐다. 2013년 종가 기준으로 아모레퍼시픽 주가는 101만2000원이다. (태평양화학은 ㈜태평양으로 상호가 변경됐고 2007년 1월 지주회사로 전환됐으며 2011년 3월에는 현재의 아모레퍼시픽그룹으로 상호가 다시 변경됐다.)

그룹 매출이 아모레퍼시픽의 10배가 넘고 계열사만 수십 곳에 이르는 그룹 내 상장기업의 시가총액을 합한 것보다 아모레퍼시픽의 시가총액이 훨씬 높다. 고용 창출이라는 측면에서 국가적으로 아쉬운 점이 없는 건 아니지만 투자자 입장에서는 이보다 좋은 기업이 없다.

우리가 주식 투자에 희망을 거는 것은, 지금은 저평가되어 있지만 실적 개선이 가시화되기 전에 남보다 먼저 투자해 대박의 꿈을 이루는 것이다. 이는 로또와 비교해 현실성이 훨씬 높다. 아니, 내 의지로 이룰 수 있는 꿈이다.

아무리 주식 투자가 심리게임일 뿐이라고 극단적으로 평가하는 사람이 있다고 해도 분명한 것은, 스스로 원칙과 상식에 따라 투자하면 위험은 사라지고 높은 수익률을 기대할 수 있다는 점이다. 이런 면에서 주식 투자는 합리성을 갖고 있다.

나는 개인적으로 소위 특정세력이 주도하는 작전 주나 테마주에 대한 투자도 주식 투자라고 생각하는 사람이다. 그러나 이 방법은 우리에게 돈을 벌어다주지는 못한다. 결과가 빤한 정치 테마주나 특정세력이 주가를 띄우는 것이 분명한 종목에 투자하는 것은 스스로 주식 투자를 돈 놓고 돈 먹기 식의 투전판으로 생각하는 것이다. 이것은 스스로 불구덩이에 뛰어드는 것과 다를 바 없다. 우리가 주식 투자에 실패하는 데에는 분명히 이유가 있는 것처럼 성공하는 사람에게도 반드시 그럴만한 이유가 있다. 그것을 우리는 배우고 따라해야 한다.

18

핀테크 금융시장을
주도 할것인가

　핀테크는 처음에 유럽과 미국 등 선진국의 스타트 업 기업을 중심으로 해외송금과 온라인 간편 결제 위주로 시작되었으나 스마트폰이 대중화되면서 모바일결제가 활성화되고, 최근에는 개인의 자산관리 부분까지 핀테크의 영향력이 확대 되고 있다.

　이쯤에서 묻지 않을 수 없는 것이 핀테크가 과연 무엇이고, 기존의 금융서비스와 무엇이 다른 것인가 하는 본질적인 문제다.

　과연 핀테크가 뭐길 래 관련종목의 주가가 묻지마 식으로 급등했던 것일까.

　보기에 따라서는 핀테크는 기존의 금융서비스와 별 차이가 없게 보일 수가 있다. 실제로 핀테크란 용어는 IT업계에서 매년 새롭게 등장하고, 또 쉽게 사라지는 정도의 일시적 현상으로 보일 수도 있다.

핀테크의 선구자이자 대표 온라인 결제서비스 기업 페이팔 (paypal)이 성공을 거둘 때 까지는 핀테크란 말이 이처럼 회자되지는 않았다. 오히려 페이팔과 같은 기업들이 등장하여 이들을 통칭하기 위해 사후적으로 핀테크란 용어가 등장했다고 보는 것이 맞을 것이다.

핀테크라 부르는 금융서비스들이 기존의 금융서비스와 차별되는 지점이 분명 존재한다. 인터넷뱅킹, 모바일뱅킹, HTS 등은 모두 IT 기술에 의존하는 금융서비스 다. 핀테크는 이것을 자동화한 것에 가깝다.

은행이나 증권사 창구에서 하던 업무를 자신의 몸에 부착된 디바이스로 원하는 장소에서 간편하게 처리 할 수 있게 된 것이 기존의 금융서비스와 핀테크의 차별점이라고 하겠다.

핀테크 금융서비스는 은행과 다른 방식으로 은행이 갖고 있지 못한 새로운 가치를 이용자에게 제공한다. 혁신의 주체 역시 금융회사에 한정되지 않으며 오히려 비 금융회사들이 기존의 금융영역의 변화를 위한 주도권을 쥐고 있는 사례가 많다.

기존의 금융기술이 금융회사 내부의 혁신에 가깝다면 핀테크는 기술기업에 의한 외부로부터의 혁신이라 할 수 있으며 핀테크로 인해 금융회사가 독점하던 금융서비스가 금융회사로부터 분리되기 시작한 것이다.

핀테크 정의의 연장선에서 핀테크란 개념이 포괄하는 범위 또는 기준은 광범위하게 적용될 수가 있다.

넓은 의미에서의 핀테크는 기존 금융회사들의 인터넷 기술서비스를 다 포함하고 있다. 좁은 의미로는 금융회사가 수행해왔던 기능을 대체하는 핵심서비스라고 할 수 있다. 또는 핀테크의 가시화된 성공모델인 페이팔의 결제 서비스를 지칭하는 것이기도 하다.

아직까지 우리나라에서는 핀테크란 말이 간편 결제를 뜻하는 매우 제한된 영역에서만 인정되기도 한다.

핀테크는 금융(Financial)과 기술(Technology)의 합성어로 모바일을 통한 결제, 송금, 자산관리, 크라우딩 펀딩 등에 이르기까지 각종 금융서비스와 관련된 기술을 말한다.

금융창구에서 행해지던 업무가 인터넷뱅킹, 모바일 뱅킹, ATM 기기 등의 전자 금융서비스로 대체되는 것도 핀테크라고 할 수 있다.

전통적 금융업무보다 비용이 절감되고 개인 별 맞춤업무를 할 수 있는 양질의 금융서비스를 제공한다는 이점이 있다.

핀테크는 기술의 발달과 더불어 새로운 형태로 진화하고 있으며, 이러한 흐름에 해당하는 모든 서비스를 핀테크 서비스라고 할 수 있다.

또한 서비스 뿐 아니라 관련된 소프트웨어나 솔루션, 플랫폼을 개발하기 위한 기술과 의사결정, 위험관리, 포트폴리오의 구성, 성과관리, 시스템 통합 등 금융시스템의 개선을 위한 기술도 핀테크에 포함된다고 할 수 있다.

역사적으로 금융서비스는 언제나 기술과 함께 발전을 해왔다. 따라서 당대의 가장 진화된 기술을 채용해왔던 것이다. 신용카드, ATM, 인터넷 뱅킹, 모바일 뱅킹 등은 탄생시기에는 혁신적으로 금융거래 환경을 개선시켜 왔다.

핀테크는 특정회사가 주도하는 것이 아니다. 그래서 주요 선진국에서는 핀테크는 비즈니스 모델에 따라 분류되고 핀테크 관련기업도 이 기준에 따라 분류하고 있다.

기능에 따른 핀테크 분류

IT조사 분석기업인 벤처스 캐너(Ventures canner)에서는 매년 핀테크 기업들을 조사해서 분류해오고 있다. 2015년에는 1072개 기업을 조사해 12개 영역으로 나누었다. 이를 크게 네 가지 분야로 분류 할 수있다.

— 결제 및 송금 : 지급결제, 송금
— 대출 및 지급조달 대출: 대출, 자본조달, 크라우딩펀딩, 소비
　　자 금융
— 자산관리: 개인자산관리, 개인투자, 기관투자
— 금융 플렛폼: 비즈니스 도구(Business Tool), 금융조사, 금융

인프라

비즈니스 모델에 따른 분류

핀테크 관련기업들이 어떻게 수익을 얻는 지에 따라서 분류를 한 것이다. 아래는 영국 무역 투자 청(UK Trade Investment)d에서 비즈니스모델에 의거 핀테크 기업을 분류한 내용이다.

— 지급결제 : 간편하게 저렴한 서비스를 제공하며 수수료 부과
— 데이터 분석: 개인 또는 기업고객과 관련한 다양한 데이터를 수정, 분석하여 새로운 부가가치 창출
— 금융소프트 웨어시장 : 기존방식보다 효율적이고 혁신적인 금융 업무를 위한 서비스관련 소프트웨어 제공
— 플렛 폼 : 금융회사를 통하지 않고도 자유롭게 금융거래를 할 수 있는 다양한 금융거래 기반 인프라를 제공

비즈니스 모델 분류에 따른 핀테크 기업 정리

*모바일 결제 플렛폼

— 다음카카오
카카오 결제(간편 결제), 전자지갑(뱅크 웰 렛 카카오) 등의 모바일 결제 서비스

— 네이버

자회사 라인에 결제 플랫폼 구축, 라인이 서비스

— 삼성전자

신용카드와 연계한 전자지갑인 삼성 월렛 서비스

— SK텔레콤

BLE 페이먼트, BLE전자카드, 모바일 결제서비스

* PG관련주(국내 지급결제 대행)

— KG이니시스

 PG 대행 서비스

— KG모빌리언스

 휴대폰결제서비스

— 다날

 휴대폰결제, 중국 텐페이와 업무제휴

— 갤럭시아 컴스

 전자결제사업, 대만 전자결제 업체인 캐시 플러스, 텐센트와

 업무제휴

— 인포바인

 휴대폰 인증서 보관서비스 사업

— 처음엔씨

전자결제 기술을 결합한 B2B전자상거래 부문 국내시장 점
유율 1위

* NFC(Near Field Comunication, 근거리 무선통신)

— 아오텍

　　NFC 등 무선통신을 위한 안테나를 제조 및 판매하는 안테
　　나 부품사업

— 코나아이

　　스마트카드와 관련된 토탈 솔루션

— 솔라시아

　　스마트카드 임베디드 소프트웨어 개발 및 공급

— 이루온

　　이동통신 솔루션 및 부가 서비스 전문기업

— 유비벨룩스

　　스마트 IT, 스마트카드 전문기업

— SK C&C

　　무선인식기술이 적용된 NFC를 탑재한 차세대 USIM 개발

— 파트 론

　　NFC 탑재 휴대 폰 안테나 제조

— 하이쎌

NFC안테나 생산

— 에이스테크

NFC용 RFID안테나 태그 전문개발업체

* 보안 관련주

— 파수닷컴

데이터 보안 및 소프트웨어 보안사업

— 라온 시큐어

금융기관, 공공기관 및 기업에 보안 솔루션 공급

— 시큐브

정보보호 토탈 솔루션

— 한솔렉스시

통합보안관제 서비스 및 네트워크 보안 솔루션

— 윈스

정보보안 솔루션

— 안랩

모바일 보안 솔루션, 네트워크 보안 장비사업

— 이니텍

정보보안, 금융IT서비스

— 기업용 문자 서비스, 휴대전화용 소프트웨어 개발

— SGA

통합 정보보안 시스템

— 소프트포럼

보안 통합솔루션

— 이스트 소프트

인터넷 및 게임 소프트웨어

— 이글루 시큐리티

통합보안 관리 솔루션

이 많은 핀테크 관련종목 중에서 무엇을 선택할 것인가. 실적이 받쳐주지 않는데도, 단지 핀테크 종목 카테고리에 속해 있다고 묻지마 투자를 한 것은 아닌지 뒤돌아 봐야한다.

주식시장에서 핀테크 대표주로 각광받았던 삼성 페이, 카카오 페이, 네이버 페이 등의 핀테크 결제서비스 업체들은 핀테크가 금융거래의 화두로 떠오르면서 주가가 많이 상승해왔다. 이는 모바일 결제 서비스 및 인터넷 뱅킹 서비스가 본격적으로 시행되면서 나타난 성과다. 금융결제서비스에서 보안 및 인증을 위한 핀테크 관련주의 상승은 과연 초기의 강한 상승에 이어 조정 후 다시 강한 반등을 구현 해 낼 수 있을 까. 답은 역시나 기업의 실적에 있다.

핀테크 관련주들은 묻지 마 식 투자로 관련종목들이 거의 모두 동반상승하는 모습을 보여 왔다. 강한 상승 후 핀테크 종목들은 충분한 가격조정을 거쳐 왔다고 하지만 지금부터는 예전의 묻지마 식 동반상승은 어려울 것이다. 따라서 종목별로 차별화된 주가 흐름이 현실화 될 것이다.

핀테크 종목의 급등장세가 지난 후 조정이 마무리 되면서 실제로 실적이 가시화 되고 있는 종목들을 중심으로 다시 한 번 강한 상승의 가능성이 높지만, 수익실현을 하고 빠져나간 종목들은 원래의 주가 수준까지 하락할 가능성이 크다. 뒤늦게 추격매수에 나서서 손실을 입은 사람, 신규투자를 고려하고 있는 사람들은 종목선정과 교체에 신중을 기해야 하는 시점이다.

19

화장품 신화는
계속 될 것인가

사드 여파로 중국의 민심이 이반되면서 중국여행객에게는 머스트 해브 상품으로 매출이 급신장하던, 국내 화장품 시장이 위축되는 것이 아닌가 하는 우려의 소리가 크다. 이런 분위기는 국내 화장품 업계의 대장주라고 하는 아모레 퍼시픽에도 영향을 미쳐 주가가 일시 추락하기도 했다. 주가는 실적이 말해준다는 주식시장의 격언대로 사드 국내배치로 야기된 중국과의 정치적 문제에도 불구하고 화장품시장의 견고한 성장세는 앞으로도 계속 될 전망이다.

중국인 관광객이 증가하고 한류문화의 확산으로 인해 화장품 업계는 사드 여파에도 불구하고 승승장구하고 있다. 중국인의 한국화장품 사랑은 우리가 한때 외국화장품을 선호하고 구매하던 것 이상으로 실제구매 현상으로 이어지고 있다.

이렇다보니 화장품 분석 보고서는 장밋빛 일색이다. 누구도 이 대세를 부정하는 보고서를 내놓지 못하는 침묵의 카르텔이라도 존재하는 것 같다.

대표적인 화장품주 대표종목인 아모레 퍼시픽은 2015년 5월에 액면분할 까지 했으면서도 주가는 계속 올라왔다. 아모레 퍼시픽의 영업이익은 매년 두 배 이상 늘었고, 시가총액은 세계 글로벌 화장품시장의 다국적기업과 나란히 하는 회사로 위상을 높이고 있다.

아모레 퍼시픽 이외에도 코스맥스, 한국 콜마도 계속 실적이 좋아지고 있고, 주가는 1년 전과 비교해 두 회사 모두 주가가 2 배 이상 올랐다.

이제는 화장품업계와 상관없는 회사가 본업과 관계없는 자회사를 설립해 화장품과 연관된 사업을 한다는 첩보수준의 뉴스만 나와도 해당기업의 주가가 급등하는 현상까지 발생해도 시장에서는 이상하지 않게 받아들인다.

일례로 화장품용 진주광택안료 전문생산기업인 씨큐브가 화장품주에 신규 편입되면서 실적과 무관하게 주가가 급등 했었다.

SH에너지화학은 사업보고서에 여성용 화장품 파우더에 사용되는 소재를 수출한다는 소식에 주가가 움직였고, 승일은 화장품 용기를 제작하는 회사임에도 주가가 급등했다. 한국주철관의 경우는 더 가관이다. 한국 주철관은 화장품제조 및 판매업을 하는 엔프라니를 자회사로 보유하고 있으며, 해당제품이 중국현지시장에서 선호도가 높아진다는 소식만으로 5천원 미만이었던 주가가 5배 이상 뛰기도 했다. 업종 전체의 실적이 개선되기는 했지만 이정도면 과열로 볼 수 있다. 옥석을 잘 가려 투자해야한다.

화장품 업계의 대장주 아모레 퍼시픽은 화장품 업계의 삼성전자다.

아모레 퍼시픽의 전신인 태평양화학공업사가 설립된 것은 우리나라가 일제강점기로부터 해방되던 1945년이다. 그러나 태평양 화학의 뿌리는 이보다 앞선 1932년 고 서성환 창업주의 모친인 윤독정여사가 여성용 머릿기름을 판매하던 창성상점이 모태다. 이를 기반으로 서성환 회장은 1945년 태평양이라는 회사를 설립해 화장품사업을 본격화했다. 1954년에는 화장품연구실을 개설하고, 1959년에는 프랑스코티사와 기술제휴를 맺는 등 일찍이 연구개발에 적극적인 투자를 하였다.

이후 아모레가 국민브랜드로 자리 잡으면서 20002년 회사 타이틀을 아모레퍼시픽으로 바꾸어 오늘에 이르고 있다.

1945년 이후 국내 화장품시장 1위를 놓쳐 본적이 없는 태평양이었지만 1986년 화장품 수입개방이 되면서, 태평양의 시장점유율은 70%에서 20%까지 추락했다. 국내 화장품 업계는 절대 절명의 위기가 닥친 것이다. 이 시기에 국내시장에서 아모레 화장품과 경쟁했던 회사들은 시장에서 사라지게 되었다. 국내업체로만 보면 이 시기가 아모레가 토종 브랜드로서 위치를 공고히 하는 기회가 되었다.

태평양은 화장품이라는 핵심역량에 집중하지 못하고 국내 재벌들의 나쁜 버릇을 그대로 따라하듯 화장품 이외에도 건설, 증권, 저축은행, 의류, 스포츠에 이르기 까지 30여개가 넘는 자회사를 문어발식으로 확장하였다. 그룹전체의 부채비율은 자기자본의 5배 가 넘었다. 현 시점의 시각으로는 이 정도 부채비율이면 한계기업으로 분류된다.

그러나 IMF 외환위기가 오기 전에 선제적 대응으로 화장품과 관련 없는 사업은 모두 정리 했다. 그룹의 가장 경쟁력 있는 화장품에 핵심역량을 집중함으로써 그룹의 외형은 크게 줄었을지는 몰라도 주가는 2000년 초 대비 거의 30배 이상 올랐다. 태평양의 구조조정이 다 끝나가는 시점에 IMF 외환 위기가 발생했고, 태평양은 선제적 구조조정을 한 덕분에 핵심사업이 상처 없이 살아남았다. 아무리 그렇다고 해도 글로벌 시장에서 인지도가 거의 없었던 아모레가 현재와 같은 위치에 올라선 것은 창업주 2세인 현 서경배 회장의 뛰어난 경영능력의 결과라고 할 수 있다.

막나가는 오너경영인들로 인해 CEO리스크라는 말이 기업의 가치에 상당한 영향을 주는 시기에 서 회장의 반대의 측면에서 CEO의 역량에 따라 기업이 어떻게 달라질 수 있는 가를 보여주었다.

화장품에 핵심역량을 집중한 이상 지속적인 성장을 위한 서 경배 회장의 노력은 눈물겨울 정도로 수많은 실패에도 좌절하지 않고, 내수시장을 벗어나기 위한 피나는 노력을 한 결과 오늘날 글로벌 화장품 시장에서 독보적인 위치를 차지하고 있다.

아모레는 1990년 초 프랑스와 중국에 현지법인을 설립하고 본격적인 해외시장 개척을 시작했으나 이미 글로벌시장은 유럽의 유명브랜드 샤넬, 로레알, 에스티로더 등에 밀려 시장침투가 쉽지 않았다. 이는 4년 만에 프랑스에서 철수하는 결과로 이어졌다.

그러나 프랑스의 실패를 거울삼아 과감한 연구개발, 철저한 현지시장조사를 통해 결국 중국시장 진출 15년째인 2007년에 처음 흑자를 기록하고, 중국시장에 연착륙하는 성과를 만들어냈다.

이후에는 우리 모두 아는 대로 회사는 빠르게 성장해 나갔다. 2011년에 199억 원이었던 중국매출이 2014년에는 4673억 원으로 매출이 급신장 하였고, 2015년, 2016년에도 중국매출은 지속적으로 성장하고 있다.

화장품시장에서 아모레 퍼시픽은 시장을 독점하고 있다. 여기에 충성도 높은 고객의 재구매가 계속 이루어지기 때문이다. 사드 여파로 중국의 반한 감정으로 매우 불편한 시기가 있었음에도 그 영향이 크지 않았던 것은 아모레퍼시픽의 충성스런 고객들에게 정치적 문제는 정치적 문제일 뿐 이것이 실제 불매운동으로는 이어지지는 않았다.

화장품 업종은 그동안의 급등세에도 불구하고 성장이 이를 상회하는 지속적인 상승이 이어질 것으로 예상된다.

2016년 화장품 종목의 업종 성장률은 연중 최고 수준이고, 2018년 까지 15% 이상 성장세가 유지 될 것이라는 리포트가 대세를 이루고 있다.

특히 아모레, 코스맥스는 그중에서도 주목되는 종목이다.

화장품업종 주요 5개사의 2016년 2분기 매출액과 영업이익은 전년 동기 대비 각 각 24%, 36% 성장했다. 국내 업체들이 화장품 내수시장 세계 1위국가인 중국에서의 시장점유율이 계속 늘고 있는 것도 긍정적 신호로 해석될 수가 있다.

국내면세점이 증가하면서 면세점간의 경쟁이 날로 치열해지고 있다. 이에 대한 반사이익으로 에이블씨엔씨, LG생활건강 등 내수 비중이 큰 업체들이 각광받고 있다.

2016년 화장품 업종은 역대최고 였 던 2014년의 성장세를 넘어 설 것으로 예상되고 있다.

화장품시장은 매출의 60%를 이루고 있는 탄탄한 내수시장과 각 각 20% 정도의 매출비중을 차지하고 있는 면세점과 수출이 2015년 대비 각 각 40%, 50% 성장 할 것으로 예상되고 있다.

한국 화장품 업종의 고평가 논란이 장기화 되고 있어 주가변동성이 높아지고 미국 연 준의 금리인상 설이 구체화 되면서 위기가 없는 것은 아니지만 향후 성장성을 평가 했을 때 이 흐름이 계속

될 확률이 높다.

　한 때 사드의 국내 배치문제를 두고 주가가 일시적으로 출렁이기도 했지만, 중국소비자들이 규제를 우회하는 방식으로 여전히 한국화장품을 소비하고 있음으로 앞으로도 큰 영향을 미치지는 못할 것이다.

20

제약 바이오주 이제 시작이다

　2015년 한미약품의 신약개발로 제약바이오주들은 동반 주가 상승이라는 호재로 수혜를 입었다. 국내제약사들의 잇따른 신약개발과 해외시장에서의 실적개선이 가시화 되면서 제약업종은 물론 개별종목의 주가 상승세도 놀라울 정도로 가파른 상승세를 연출하였다.

　코스 피에서는 한미약품이 다국적 제약회사 릴리와 7억 달러 규모의 기술이전 계약을 체결하면서 한미약품을 시작으로 제약사들의 주가 동반 상승세가 화려하게 연출되었었다. 이 시기에 한미약품의 주가는 2015년 초반해도 97,800원 이었다. 그런데 신약개발 소식이 전해지면서 주가는 487,500원으로 다섯 배나 올랐다. 또 그해 11월에 5조원대의 기술수출계약이 성사되면서 주가가 정점을 찍으면서 제약바이오주들의 대장주로 올라섰다. 참으로 강력한 한 방이 기업의 위상을 천정부지로 뛰게 한 것이다. 이런 예는 흔치 않지만 사회문화의 변화, IT기술의 진화, 소비자의 니즈를 잘 관찰하면 나에게도 이런 종목을 선점투자해 대박의 기회가 올수도 있다. 주식투자는 이 맛 때문에 하는 것이다. 물론 이런 기회가 흔치 않다는 것이 문제지만.

한미약품이 코스피에서 대장주로 올라섰다면 코스닥 시장에서 셀트리온이 단연 눈에 띄는 주가 상승세를 보여주었다. 셀트리온은 자가 면역질환 치료제(램시아)의 조기 출시 가능성 등 다양한 모멘텀으로 주가가 크게 상승했다.

제약 바이오주들의 상승을 보면 한미약품, 셀트리온의 주가상승은 하나의 큰 파도를 넘어선 것에 지나지 않는다는 생각이 든다. 임상 관련 레포트만 나오면 실적과는 무관하게 주가가 오르고 관련종목들 역시 신고가를 다시 쓰고 있다.

주식하면서 제약 바이오주 하나 이상은 보유하고 있어야 안심이 되는 그런 장세다. 주식투자는 투기의 요소가 분명이 있다.

제약 바이오주 열기로 제약 바이오 종목의 주가는 대부분 급등했다. 단타매매 투자자가 급증하면서 주가가 왜곡되는 전형적인 모습이다.

국내주식시장 전체 시가총액에서 제약 바이오 의료기기를 포함하는 헬스케어 업종이 차지하는 비중이 2011년 1.8%에서 2016

년 5월30일 기준 6.3%로 그 비중이 3배 이상 확대되었다. 이 정도 수준이면 놀라운 성장세라 할 수 있다.

이를 금액으로 표시하면 전체 주식시장 시가총액 1,450조원 총 148개 종목이 차지하는 시가총액은 92조원으로 2011년 22조원과 비교해 318% 급성장 하였다.

헬스 케어 기업의 해외수출증가, 국내개발 의약품의 선진국 시장 진입 확대로 동아 에스티의 수퍼 항생제 시벡스트로, 셀트리온의 바이오 시밀러 램시마, 삼성바이오에스피의 바이오 시밀러 브렌시스 등은 특히 주목해 볼 필요가 있다.

최근 글로벌 항체 바이오 시밀러 시장에서 국내기업의 경쟁력이 향상되고 있다.

미국 미용시장에서도 국내산 제품의 상업화가 본격화 되고 있다.

메디톡스, 대웅제약, 휴젤 등의 기업이 현재 미국에서 제품 상용화를 추진하고 있다.

치과 임플란트의 건강 급여정책의 변화로 2016년 급여적용연령이 65세 이상으로 확대됐다. 이에 따라 새로운 시장이 창출될 것으로 기대 중이다. 국내시장의 상위 업체를 중심으로 수혜를 기대해 볼 수 있다.

대기업의 헬스 케어 사업진출로 주가상승이 예상되는 종목을 살펴보도록 하자.

삼성그룹은 그룹의 미래 신수종 사업으로 헬스 케어 사업의 비중을 확대시켜나가고 있다.

삼성은 병원, 의약품, 의료기기 등의 전문기업을 확보하고, 사업의 시너지효과를 높이고 있다. 최근 삼성은 의약품분야 중에서 바이오 의약품 위탁계약 생산(CMO)과 바이오 시밀러 분야에서 가시적 성과를 올리고 있다. 바이오 의약품의 CMO분야에서는 삼성 바이오로직스가, 바이오 시밀러 분야에서는 삼성 바이오피스가 주력기업이다.

SK그룹도 제약사업 구체화에 나서고 있다. SK의 제약사업은 SK바이오팜과 SK바이오텍을 통해 제약사업을 추진하고 있다.

SK바이오팜은 신약개발 특히 중추신경계 약물에 집중하고 있다. SK바이오텍은 화학의약품 CMO사업에 집중하고 있다.

향후 제약바이오 업종은 종목간 옥석 가리기가 구체화 될 것이다.

해당질환을 중심으로 미래에 시장 리딩기업으로 성장 할 대표기업은 아래의 내용을 참조하기 바란다.

— 고혈압 : 보령제약, 유한양행

— 이상 지질혈증 : 유한양행, 종근당

— 당뇨병 시장 : 종 근당, 유한양행

— B형 간염 치료제 : 녹십자, 유한양행

국내에서 추진되는 다수의 연구 개발 중인 파이프라인 중에서 향후 해외진출이 가시화 될 가능성이 큰 의약품과 수혜종목은 다음과 같다.

— 유한양행 : 퇴행성 디스크 질환치료제

— 녹십자 : 혈액제재

— JW중외제약 : WNT 표적 항암제

— 한독약품 : 제넥신 지속형 성장 호르몬제

21

초보자가 금융위기에 대처하는 자세

    금융위기는 수시로 반복되고 그 주기도 짧아졌다. 금융위기의 발생원인이 유동성의 위기에서 비롯된 것인지 아니면 정치적 문제로 발생한 것인지는 중요한 것이 아니다. 금융위기가 발생하면 언론은 실제 이상으로 내용을 침소봉대하고 공포를 조장한다. 금융위기의 본질이 경제의 펀더 멘탈에 의한 것이 아니라면, 이는 일시적인 현상에 그칠 것이다. 그런데 우리는 이 시기가 되면 공포의 두려움에 빠져 우량자산 까지 투매에 나서는 일을 반복하고 있다.

    특히 신용융자거래로 반대매매로 주식이 강제처분을 두려워하는, 빚내서 주식에 투자한 사람은 그 두려움의 강도가 더 크다.

    비교적 최근에 발생했던 금융위기였던 브렉시트 사태를 복기해 보자.

브렉시트는 영국(Briten)과 탈퇴(Exit)의 합성어로 영국의 유럽연합 탈퇴를 뜻하는 말이다.

2016년 6월 29일 찬반투표에 참여한 영국 유권자의 51.9%가 브렉시트에 찬성표를 던지면서, 영국의 유럽연합 탈퇴는 기정사실화 됐다.

브렉시트는 유럽의 재정위기를 계기로 시작됐다. 유럽연합의 재정악화가 깊어지면서, 영국이 내야하는 분담금이 늘어나게 됐고 이에 보수당을 중심으로 유럽연합 잔류 반대 움직임이 확산되게 됐다.

영국이 유럽연합 탈퇴를 결정 했다고 해도, 실제 탈퇴하기까지는 장기간의 시간이 요구된다. 당장 영국의 유럽연합 탈퇴로 세계 금융시장이 받을 충격도 미비하다. 그런데 영국의 유럽연합 탈퇴를 투표에 부치기도 전에 주식시장은 요동쳤다. 탈퇴가 확정되는 날, 주가는 급락 했다. 그리고 나서 시장의 모습은 어떻게 변했 는가. 영국의 유럽연합 탈퇴가 투표로 결정 난 날로부터 불과 며 칠이 지나지 않아서 주식시장은 제자리를 찾아갔고, 개인이 투매한 우량주를 외국인 세력이 집중매집하면서 결국 외국인만 돈 벌어주고 이 금융위기는 끝이 났다. 그동안 여러 차례의 금융위기가 발생 했음에도, 우리는 이를 반면교사로 삼지 못하고 집단동조화라는 최면에서 못 벗어나 투매하기만 바빴던 것은 아닌 가.

우리가 역사를 배워야 하는 것은 역사 속에 살아 있는 삶의 지

혜가 살아 숨 쉬고 있기 때문이다. 본래 탐욕 앞에서 인간의 지혜
라는 것은 찰나에 불과하고, 탐욕에 굴복하는 것이 반복되는 게
세상의 이치라고 해도 말이다.

모기지론 회사들이 대출해준 서브프라임 모기지론이 정크채권
('junk'는 쓰레기란 뜻으로 위험이 높은 기업이 발행한 채권을 말함)화 되
면서 발생한 금융위기 사태가 터진 이듬해에 주부를 대상으로 강
의를 한 적이 있다. 강의를 듣는 주부들은 대개 남편이 은퇴하고
퇴직금으로 받은 돈으로 생활을 꾸려가야 하는 사람들이었다. 그
들에게 저금리는 생활을 유지하는 데 치명적인 독이 됐을 것이
다. 이러니 평생을 주식과 담쌓고 산 사람들 조차 주식투자에 나
선 것이다.

이런 실정에서 주식투자에 나선 사람들에게, 금융위기가 발생
해서 자신이 믿고 의지하던 대형 우량주의 주가마저 떨어지는 현
실이 불러일으키는 공포는 상상 이상이었을 것이다. 그들은 안절
부절못했다. 과연 눈물을 머금고 손절매에 나서야 할지 아니면 계
속 쥐고 있어야 할지에 대해 판단이 서지 않았을 것이다. 그런 절박
한 상황에서도 그들에게 자문하던 이른바 전문가들은 침묵했고,
어떤 책임지는 말도 하지 않았다.

참으로 속 터지는 일이 아닐 수 없다. 금융위기는 우리 산업의
펀더멘털 때문에 일어난 게 아니라 금융자본의 탐욕이 일으킨 일
시적 현상이다. 따라서 금융위기가 극복되면 대형 우량주 들은 경

쟁자를 밀어내고 오히려 시장점유율을 늘릴 수 있다. 실제로 이런 기회에 삼성전자, 고려아연 등 글로벌 기업들은 위기 극복 이후 계속 경영실적이 호전돼왔다.

금융위기는 실물경제의 펀더멘털과 관계없이 탐욕적인 월가의 메가 뱅크들에 의해서 발생한 것이다. 그 후 이것이 반면교사가 되어, 어찌 생각하면 서브 프라임 모기지론 사태가 불러온 금융위기보다도 더 심각한 유로 존 국가들의 재정위기 당시에는 상대적으로 주가의 낙폭이 적었다.

금융위기에 쫄지 않을 사람이 누가 있으랴. 그러나 금융위기를 기회로 활용하면 대형 우량주를 헐값에 살 수도 있다. 싼 가격에 사서 높은 가격에 파는 것처럼 훌륭한 주식 투자 방법은 세상에 없다. 금융위기가 닥쳐서 주가가 떨어지는 것은 어쩔 수 없는 일이다. 그러나 이를 어떻게 받아들이고 대응하느냐에 따라 그 결과는 얼마든지 달라진다.

앞에서도 언급했듯이 주식 투자의 격언 중에 "남들이 욕심낼 때 두려워하고 남들이 두려워할 때 욕심내라"는 말이 있다. 주식 투자에 부분적으로 심리적 요소가 작용한다면 아마도 이 말을 두고 하는 말일 것이다.

펀더멘털과 무관하게 주가가 급락하는 것은 본질이 아니다. 이때가 오히려 업종 대표기업에게는 강력한 경쟁자를 도태시켜 시장점유율을 높이는 기회가 된다. 우리는 국내 대표기업들이 두 번의 금융위기를 거치면서 기업 위상이 한 단계 업그레이드됐다는 것을 알아야 한다. 이 말은 단순한 수사가 아니라 주식시장의 본질을 말하고 있다.

환율변동으로
웃는 기업 우는 기업

환율변동에 따라 울고 웃는 것이 기업이다. 왜 안 그렇겠는가. 환율이 10원만 올라도 삼성전자 같은 글로벌 기업은 수천억 원의 영업이익이 왔다 갔다 한다. 또한 국내 대기업이 근래에 사상 최대의 영업이익을 달성한 것도 이 명박 전 정부 시절부터 내내 계속돼 왔던 고환율 정책에 힘입은 바가 크다. 삼성전자는 이 기간에 고환율, 법인세 실질감면 혜택으로 세계시장에서 강력한 경쟁기업 제품보다 30%의 가격우위를 확보할 수 있었던 덕분에 사상 최대의 영업이익을 올리는 게 가능했다.

물론 삼성전자가 사상 최대 실적을 거둔 것을 두고 전적으로 고환율 때문이라고 할 수는 없을 것이다. 우수한 노동력, 메카트로닉

스의 잘 갖춰진 대량생산 시스템, 내부혁신, 선도적 마케팅 등 기업 내부적 노력과 혁신을 무시할 수 없다. 그러나 이런 노력은 세계 시장에서 경쟁하는 글로벌 기업이라면 모두들 하는 것들이다. 삼성전자가 주가가 폭등할 정도의 압도적 순이익을 낸 배경에 정부의 고환율 정책이 있었다는 걸 부인하기 어렵다.

삼성전자는 지금도 계속 신고가를 다시 써내려 가고 있다.

환율변동에 울고 웃는 것이 어디 기업뿐이겠는가. 물류와 사람의 이동이 완전하게 자유로워진 소위 세계화 시대를 살고 있는 요즘에는 개인도 환율변동 때문에 많이들 웃고 운다. 외국인을 대상으로 장사하는 사람, 외국에 자녀를 유학 보내는 사람, 해외펀드에 투자하는 사람 등이 대표적이다.

불과 얼마 전까지만 해도 명동 상권을 가득 채웠던 외국인은 중국인과 그만큼의 비중을 차지하는 일본인 관광객이었다. 그런데 어느 날 명동에서 쇼핑하던 일본 관광객이 하나씩 둘씩 떠나기 시작하더니 이제 명동에서는 중국 사람들이 떠드는 소리만 들린다. 왜 일본 관광객은 사라졌을까? 이 또한 환율변동 때문이다. 일본 엔화가 70엔에서 100엔까지 단시간에 치솟으면서 한국에서 하는 쇼핑의 경제적 이점이 사라졌다. 엔화 상승(엔화의 가치하락으로 평가절하) 탓에 똑같은 돈으로 25% 이상 비싸게 물건을 사야 하는 상황에서 일본 관광객의 한국 쇼핑은 메리트가 사라졌다.

환율이 상승하면 원화 가치가 하락해 자녀를 외국에 유학 보

낸 사람은 환율이 오른 만큼 더 많은 유학자금을 자녀에게 보내야 하기 때문에 환율상승이 반갑지 않다. 그러나 해외펀드에 투자한 사람은 원화를 달러화로 바꿔 투자하기 때문에 투자한 후 환율이 상승하면 소위 환차익이 발생해 순수 운용수익률보다 더 많은 수익을 얻을 수 있다. 이 또한 개의 꼬리가 몸통을 흔드는 효과와 다르지 않다.

이제 기업은 물론이고 개인도 환율변동에 따라 웃고 우는 세상이 되었다. 환율변동이 이 정도의 영향력을 갖고 있다면 환율에 대해 공부하는 것이 당연하다.

아래 기사는 환율변동이 기업의 영업이익에 얼마나 큰 영향을 미치는지를 단적으로 보여주는 예이다.

"주식시장은 3분기 어닝 시즌에 돌입했다. 삼성전자는 지난 3분기에만 무려 8조원의 매출을 기록했다. 금융정보업체 에프앤가이드에 따르면 삼성전자, 현대차, 기아차 3개 기업의 올해 순이익 추정치 합계가 36조7000억 원으로, 시가총액 상위 30대 기업의 올해 추정치 67조5000억원의 55%를 차지하는 것으로 전망됐다.

물론 이들 기업의 품질경영을 위한 각고의 노력, 과감한 글로벌 마케팅, 한발 앞선 시장 개척 등을 폄하할 생각은 없다. 다만 가격경쟁력, 특히 환율 효과에 의한 가격경쟁력이 기반이 됐음을 부인하기 어려울 것이다."<헤럴드 경제신문>

"현대 차 영업이익 10.7% 급감, 엔저 쇼크 현실로

1분기 매출 6% 늘었지만 환율, 노조에 발목 잡혀

포스 코는 순이익 반 토막, 엔 저 때문에 값도 못 올려

지난해 같은 기간보다 판매량이 9.2% 늘었음에도 엔화 약세와 상대적인 원화 강세로 가격경쟁력에 빨간불이 들어온 탓이다. 특히 유럽 시장이 문제였다.

이 기간 현대 차의 유럽연합 시장 판매량은 두 자릿수(10.9%) 이상 급감했다. 버팀목이었던 미국 시장의 판매증가율 역시 0.5%로 사실상 제자리걸음을 했다. 반면 도요타와 혼다는 이 기간 미국 시장에서 판매량이 각각 5%, 11% 폭증했다. 현대 차 관계자는 "환율변수로 영업부문 비용이 11.3% 증가한 2조8358억 원에 달한 것도 영업이익 감소의 한 원인 이었다"고 말했다."<중앙경제>

약 6개월의 시차를 두고 나온 이 두 기사는 서로 상반된 입장을 취하고 있다. 그 기간 동안 국내 수출기업에 무슨 일이 있었던 걸까. 그 짧은 기간에 기업의 펀더멘털에 큰 변화라도 온 것일까. 기업의 펀더멘털에는 큰 변화가 없었다. 변화가 있었다면 대외적인 여건, 그중에서도 환율변동이 자리하고 있었다. 이 기간 동안 원화는 상승하고, 우리의 강력한 경쟁기업인 일본의 전자 및 자동차회

사들은 우리가 그동안 누려왔던 것처럼 엔화의 급격한 가치하락, 즉 엔화상승의 덕을 톡톡히 보고 있다.

이처럼 환율변동이 기업을 웃고 울게 만들고 있다. 환율변동으로 해당 기업의 영업이익이 감소하면 이는 바로 기업의 주가에 나쁜 영향을 미쳐 주가도 급락한다. 환율이 우리의 투자에도 깊숙이 자리하고 있는 것이다.

환율이 10원 오르면 삼성전자는 연간 8000억 원의 영업이익이 늘어난다는 보고서도 있다. 한국은행에 따르면 원/달러 환율이 1% 하락할 경우 경상수지가 연평균 5억2000만 달러 줄어든다고 한다. 삼성경제연구소는 환율이 10% 하락하면 수출과 경제성장률이 각각 0.54%, 0.72% 하락한다고 말한다.

환율 절상으로 일본 제품의 가격경쟁력이 높아진 반면 국내 기업의 주요 수출 종목들은 가격경쟁력이 약화돼 영업이익이 급감한다. 외국인 투자자 입장에서도 한국보다 일본이 매력적인 투자처로 부각되는 것은 당연하다. 그러나 고환율 정책은 물가상승 유발로 중산층 시민의 희생을 전제로 하는 정책이다.

"25일 금융정보업체 에프앤가이드에 따르면 지난 23일 기준으로 '한화재팬코아 증권투자신탁'의 6개월 수익률이 50.3%에 달한다. 엔화 약세가 본격적으로 시작된 작년 4분기 일본펀드에 가입한 사람들은 반년 만에 원금의 절반만큼의 순수익을 올리게 된 것이다.

그렇지만 일본펀드가 앞으로도 지금과 같은 수익률을 보여줄 수 있을지에 대해서는 부정적인 의견이 더 많다. 엔화 약세가 경제 회복 기대감을 높이면서 증시도 부양했지만 실적 발표기간이 지나면 엔화 약세의 밝은 면과 더불어 어두운 면도 부각될 가능성이 있기 때문이다. 이 때문에 일본펀드 투자를 고려하고 있다면 실제 일본 기업들의 실적이 어떻게 나타나는지 확인해볼 필요가 있다는 지적이 나온다.

> 배성진 현대증권 연구원은 "그간 달러 당 엔화가 70엔에서 100엔으로 30% 가량 평가절하 되었는데 향후 105~107엔까지 간다고 하면 절하 폭이 10% 남은 것"이라며 "연간 수익률을 10% 안팎으로 보고 접근하는 게 좋다"고 조언했다."<연합뉴스>

위에서 소개된 연합뉴스 기사는, 급격한 엔화 상승으로 일본 시장에 투자하는 재 팬 코리아 펀드의 수익률이 6개월간 투자원금의 절반에 달하고 있지만 이는 30%에 이르는 엔화의 환율상승에 의한 것으로, 향후 엔화의 상승여력이 10% 이내일 것이므로 기대수익률을 낮춰 투자해야 한다고 권고하고 있다. 나는 개인적으로 이 기사 내용보다 더 보수적인 판단을 하라고 말하고 싶다.

펀드의 운용수익률이 아닌 환율변동으로 외화펀드가 금융위기나 환율이 급격하게 변동하는 시기에 높은 수익률을 낸 사례는 수 없이 많다. 멀리는 IMF 외환위기 당시 뮤추얼 펀드가 그랬고, 비교적 최근에는 환율과 금리가 요동치던 서브 프라임 모기지론으로 인한 금융위기 시절에 그랬다. 문제는 그런 상황이 갑자기 닥친 것처럼 반전도 생각보다 빠른 시기에 이루어지는 게 특징이라는 점이다.

환율에 대한 기초적 이해

환율은 일국 통화에 대한 타국 통화와의 교환비율이다. 예를 들어 원/달러 환율이 1000원이면 1달러에 대한 원화의 교환비율이 1000원이 되는 것이고, 환율 인상으로 원/달러 환율이 1100원이 되면 1달러에 대한 원화의 교환비율은 1100원이 된다. 따라서 원/달러 환율은 1000원에서 1100원으로 올랐다. 이를 환율인상이라고 하며, 반대의 경우를 환율인하라고 한다.

환율이 인상됐다는 것은 원화 가치가 1000원에서 1100원으로 하락한 것을 말하고, 환율이 인하됐다는 것은 그 반대로 원/달러 환율이 1100원에서 1000원으로 하락한 것으로 달러화에 대한 원화 가치는 상승한 것이 된다. 따라서 환율 상승은 원화 가치가 하락한 것으로 이를 원화의 평가절상이라 하며, 환율 하락은 원화 가치가 상승한 것으로 원화의 평가절상이 된다. 여기까지가 환율 변동에 의한 환율 상승(평가절하)과 환율 하락(평가절상)에 대한 설명이다.

환율 상승이 왜 수출하는 기업에 도움이 되는가? 원/달러 환율이 1000원일 때 1000만원으로 수출가격이 정해진 자동차가 환율이 1100원으로 상승하면 기업이 가격경쟁력을 확보하기 위한 어떤 생산활동을 하지 않아도 1100만원으로 판매하는 결과가 된다. 환율변동만으로 경쟁기업의 동일상품과 비교해 10%의 가격우위 요소가 생기는 것이다.

이로 인해 기업의 영업이익은 크게 늘어난다. 이러한 영업수지 흑자는 기업의 경영실적에 즉시 반영되어 주가도 오르게 된다. 주가가 오르면 해당 기업의 대주주 일가만 돈을 버는 것이 아니라 이 기업에 투자한 기관이나 개인 투자자 모두 이익을 공유한다.

환율 상승으로 기업이 얻는 이익을 환차익이라고 하며, 그 반대의 경우에는 환차손이 발생한다. 환율은 일반 상품의 가격형성 과정과 같이 외화에 대한 수요와 공급의 관계에 따라 변동된다. 따라서 정부 당국이 어떻게 통화정책을 집행하느냐에 따라 환율은 변동되며, 의도적으로 조작될 수도 있다.

환율 하락은 여러 가지 요인이 복합적으로 작용한 결과의 산물이다. 하지만 그중에서 가장 큰 원인은 미국과 일본의 양적완화 정책이다. 이에 따라 상대적으로 원화 강세가 이뤄지고 있다. 특히 일본의 경우 신 보수우익을 앞세우고 집권한 아베 정부의 등장 이후 무제한 양적완화 발언으로 엔화 하락이 빠르게 진행되고 있다. 최근 일본 관광객이 명동에서 사라지고 있는 것도 엔저 현상으로 인해 상대적으로 강세인 원화 절상으로 한국에서의 쇼핑 메리트가 사라졌기 때문이다.

양적완화 정책은 미국의 연방 준비은행으로서 미국의 중앙은행 역할을 하는 FRB로부터 시작됐다. 양적완화 정책은 기준금리(정책금리) 인하를 통해서도 경기부양 효과가 나타나지 않을 경우, FRB가 은행으로부터 장기국채 매입 등의 방법으로 시중에 달러를 대량으로 풀어(중앙은행이 통상적으로 행하는 통화조작 정책 중에는 시중은행 보유 채권을 담보로 해서 중앙은행이 돈을 푸는 방법이 있다) 소비를 촉진해 경기부양을 이루고자 하는 정책이다.

이런 양적완화 정책으로 미국 달러화 가치가 하락하고, 화폐가치와 이자율이 낮아지는 등의 경제현상이 발생한다. 양적완화는 정부가 국채를 매입해 시장에 돈을 푸는 정책으로, 정부는 세금으로 걷히는 돈보다 많은 지출을 통해 소비가 촉진되고 투자가 늘어 경기가 회복되기를 기대한다.

우리나라가 미국이나 일본처럼 양적완화 정책을 펼치기 어려운 것은, 수출증가 효과는 발생하지만 무역의존도가 매우 높기 때문에 (2009년 기준 우리나라의 수출비중은 43.4%, 수입비중은 38.8%로 일본의 11.1%, 10.8%에 비해 상당히 높다) 자칫 양적완화 정책이 수입 물가를 상승시키고 상대국으로부터 보복조치를 당할 가능성이 높기 때문이다. 이런 점이 우리나라가 환율조작 정책을 시행하는 데 한계로 작용한다.

지난 수년간 미국은 금융위기를 극복하려고 의도적으로 많은 달러를 공급해왔다. 그 결과 달러화 가치는 계속 떨어져왔다.

투자자 입장에서 환율변동으로 혜택이나 피해를 보는 기업에 투자할 때 가장 경계해야 하는 것은 이분법적 구도다. 단순히 환율변동만이 해당기업의 수혜와 피해에 절대적으로 영향을 미친다고 결론지을 수는 없다. 환율변동은 기업의 지역별 해외매출 비중, 원재료 및 부품의 공급처, 외화부채 비중, 경쟁기업 우위 등에 따라 해당 기업의 경영활동에 유리할 수도 있고 불리할 수도 있다. 즉, 개별 기업에는 복합적 요인이 존재한다.

앞에서 말한 것처럼 이 명박 정부는 임기 내내 친 기업정책을 고수했다. 그 결과 국내 대기업들은 고환율, 법인세 감면(OECD 평균 법인세율 26%, 국내 대기업의 실질 법인세율 16%) 혜택으로 글로벌 차원에서 날개를 달았다. 경쟁기업보다 약 30%의 제품경쟁력 우위를 갖게 된 것이다. 이것이 국내 대기업이 내수경기 침체에도 불구하고 창사 이래 최고 영업이익을 이명박 임기 동안에 계속 갱신한 이유다.

이 정책으로 주가가 급등한 종목은 삼성전자와 현대 차만이 아니다. 수출비중이 큰 현대 모비스, LG전자, 하이닉스, LG디스플레이, 한국타이어 등 거의 모든 대기업의 주력 업종이 혜택을 받았다.

원화절상이 가파르게 진행되면서 대기업의 영업이익은 급감하고 있다. 이에 따라 투자시장에서도 역풍이 불고 있다. 이제는 환율 상승으로 덕 보는 기업은 지고, 오히려 환율 하락으로 수혜를 입는 기업에 투자를 해야 할 때다.

이제 환율변동은 국가의 거시경제 운용, 기업의 세계시장 재무전략뿐 아니라 개인의 자금 관리와 운용에서도 절대적으로 중요해졌다. 환율을 모르고서는 자금 관리를 논할 수 없는 세상이 된 것이다. 그렇다고 걱정할 필요는 없다. 경제라는 것은 우리의 상식을 넘어서지 못하기 때문이다.

교과서 내의 경제학은 수치와 그래프로 감히 다가설 수 없게 거대한 성벽을 두르고 있지만, 교과서를 벗어난 현실의 경제는 다 상식 수준에서 이루어진다. 환율변동이 왜 일어나는지 그 기본적인 이치만 알면 경제학을 모르는 당신도 환율을 실생활에서 얼마든지 이용할 수 있다.

|표| 환율 하락으로 주가 상승이 기대되는 종목

환율 수혜 구분	업종 및 종목
원자재 및 수입비중이 높은 종목	음식업종(CJ,제일제당, 빙그레, 오리온,농심 등), 유틸리티(한국전력, 한국가스공사)
원화 가치 상승으로 관광수요 증가	여행(하나투어, 모두투어), 항공(대한항공, 아시아나항공)
외화부채 비중이 큰 기업	포스 코, 대한항공, 현대제철

23

금리 변동에 증권은
춤을 춘다

"9월말 금융시장의 '블랙 먼데이'로 시작한 한국 경제가 위기에 직면해 있다. 이른바 외환 부족으로 인한 9월 위기설이 나오는 가운데 각종 금융시장 지표들이 급속도로 악화되고 있다. 이제 원/달러 환율은 27원이나 폭등한 1116원을 기록, 3년 10개월 만에 원화 값이 최저로 떨어졌다. 주식시장의 코스피 지수는 58.81포인트(4.06%) 떨어진 1,414.43으로 마감했다. 1년 6개월 만에 최저치다. 환율 급등과 기업 자금난 악화설로 채권금리도 급등했다. 지표물인 5년 만기 국고채 금리가 0.11포인트 오른 연 5.97%를 기록했다."(<디지털 타임즈> 2008년 9월 2일)

이 기사는 서브 프라임 모기지 사태로 발생한 금융위기가 본격화되기 전에 나온 것이다. 그럼에도 시장 실세금리 역할을 하는 국고 채 금리가 급등하고 있음을 알려주고 있다. 그 후 시장금리가 계속 급등했고 환율이 요동쳤던 것을 여러분은 기억할 것이다.

여기서 반드시 생각해봐야 할 문제가 있다. 과연 금융위기는 투자자에게 재앙이 될 뿐인가, 아니면 기회인가의 문제가 그것이다. 이는 투자자 각자가 처한 현실에 따라 다를 수 있다. 그러나 공통점 하나는, 각자의 현실이 어떻든 간에 금융위기를 어떻게 보고 대응할지에 대한 깊은 성찰이 필요하다는 것이다. 금융위기를 마냥 위기로만 보고 이를 두려워만 한다면 투자로 얻을 것이 없다. 왜냐하면 현재의 금융 시스템이 파괴되고 재창조되기 전까지는 금융위기는 반복적으로, 수시로 찾아올 것이기 때문이다.

금융위기는 기회다. 이렇게 보고 대응하는 것이 맞다. 실제 투자 결과도 그렇게 말하고 있다. 금융위기 당시 폭등한 금리를 이용해 채권에 투자한 사람은 금융위기 다음해에 다른 곳에 투자한 사람과 비교해 압도적인 투자수익률을 올렸다.

우리가 대출받을 때 항상 고민하는 문제가 변동금리로 할 것인가, 아니면 고정금리로 할 것인가이다. 지금과 같은 초저금리 시대에는 대출금리도 함께 낮아지기 때문에 자기 신용관리를 잘해온 사람은 변동금리로 대출을 받거나 고정금리로 대출을 받거나 간에 별 차이가 없다. 오히려 변동금리로 하면 금리가 약간 올라도 금융회사가 경영여건에 따라 임의로 금리를 시장금리 상승 이상으로 높게 올려 받는 일이 비일비재하기 때문에 금융회사에 '코를

꿰는' 일을 당할 수 있다.

대출을 포함해서 요즘 금융거래의 문제점은 금융회사가 제시하는 옵션거래를 무방비 상태로 받아들인다는 점이다. 위의 사례만 봐도 국내에서 변동금리라고 해봤자 금리가 올라도 1~2%의 금리만 더 내는 수준에서 손해 보면 되는데, 외화 대출을 받은 탓에 환율변동으로 인한 환차손에 따라 손실이 엄청나게 커졌다.

최근에는 워낙 국내 시장의 금리가 낮아서 외화채권, 해외주식 투자를 권하는 금융회사가 늘었다. 특히 외화채권 바람이 불었던 때는 원화 환율이 고점이었던 2012년이었다. 만약 이때 외화채권에 투자한 사람은 운용수익률과 무관하게 원화 하락으로 큰 손실을 피할 수 없었을 것이다.

금리와 환율변동을 투자에 활용하는 것은 바람직하다. 그러나 그 정도가 지나쳐 투자 변수가 큰 옵션이 첨부된 상품에 투자하는 것은 자제해야 한다.

금리가 투자의 모든 것을 말한다고 해도 결코 과장이 아닌 것이, 실제 금리변동에 따라 주요 투자 상품의 경제적 가치가 크게 달라지기 때문이다.

금융정보 공급의 큰손인 은행 PB들과 자본의 기관지라고까지 폄하되는 일부 언론들은 저금리의 대안으로 금융회사의 무위험 수익상품인 펀드 투자를 권한다. 그러나 지금처럼 파생금융이 덕지덕지 결합되어 위험이 측정되지 않는 하이 일드 펀드에 투자하는 것은 한 방에 엄청난 손해를 보는 길이다.

우리는 예전에 야심만만하게 출범한 미래에셋의 인사이트 펀드가 현재 어떤 처지에 놓였는지를 생각해봐야 한다. 인사이트 펀드는 오랫동안 투자원금의 30% 이상 까먹는 고통을 투자자에게 안겨주었다. 그럼에도 불구하고 미래에셋 대주주는 막대한 이득을 올렸다. 그 이유는, 펀드는 투자의 모든 결과를 투자자에게 돌리는 매우 불공정한 상품이기 때문이다.

그런데도 저금리의 대안이 펀드라고? 이런 얘기는 도저히 이성적으로 받아들일 수 없다. 저금리 시대일수록 PB들의 세 치 혀에 놀아나지 말고 자신이 계획한대로 뚜벅뚜벅 무소의 뿔처럼 소신 있는 투자를 해야 한다.

24

그림자 금융의
야누스

그림자 금융은 영어로 'shadow banking'이다. 보통 '그림자 금융' 또는 '그림자 은행'으로 번역한다. 이 책에서는 편의상 '그림자 금융'으로 통일한다. 그림자 금융은 영어의 말뜻 그대로 '보이지 않는 금융'이다. 이 말에는 최근의 은행계정이 '보이는' 금융인 일반 예금·대출시장을 벗어나 '보이지 않는' 금융, 즉 그림자 금융이 은행 본업을 위협하는 수준에 이른 상황을 경고하는 뜻이 담겨 있다.

그림자 금융을 대표하는 것은 자산 유동화 증권이라 부르는 ABS(Assert Backed Securities)다. 그리고 ABS의 대표적 상품이 주택저당권 유동화 증권이라 부르는 MBS와 후순위 채권이다. 이 상품들은 은행의 고유계정이 아니다. 은행은 자산 유동화 증권을 발행하기 위해 일종의 페이퍼 컴퍼니인 SPC라는 특수목적법인을 설립하는데, 이 상품들은 이 회사가 발행해 시중에 유통시키는 것이다. 이런 그림자 금융 가운데 최근 우리 사회에 큰 문제를 일으킨 것이 바로 저축은행이 특수목적법인을 설립해 발행한 후순위 채권이다. 그림자 금융의 폐해는 이미 우리의 금융거래를 위협하고 있다.

"한국은행이 지난해 내놓은 '우리나라 그림자 금융 현황과 잠재 리스크 분석' 보고서에 따르면 2011년 말 기준 국내 그림자 금융 규모는 1268조원으로 집계됐다. 사실 국내 그림자 금융의 절대적인 규모는 금융 선진국과 비교할 때 아직은 작은 수준이다. 국내총생산 대비 미국의 그림자 금융 규모는 2010년 기준으로 160%를 상회한다. 한은은 보고서를 통해 그림자 금융의 신용증가율이 경기상승기에는 예금취급기관을 웃돌 수 있지만 경기가 나쁠 때는 급격하게 하강한다는 점을 지적하며 "규제의 사각지대가 발생할 가능성도 있다"고 지적했다."<이데일리>

그림자 금융이란, 고수익을 위해 은행의 기능을 넘어 구조화 채권(자산 유동화 증권으로도 표현) 매매를 통해 새로운 유동성을 창출하고, 이를 활용해 은행이익을 늘리는 금융 시스템을 말한다. 경제전문지 <이코노미스트>가 2008년 9월 22일자 기사에서 처음으로 쓰면서 유행하기 시작했다.

그림자 금융은 은행이 자신들의 고유계정상품이 아닌, 은행법의 규제를 벗어난 고수익 고위험 파생상품인 유동화 증권에 투자하기 위해 구조화 투자회사(SIV, Structured Investment Vehicle. 이것은 특수목적법인 SPC 중의 하나다)를 설립해, 이 회사가 투자할 자금을 조달하기 위해 단기 금융 채권을 발행하고, 이렇게 조달한 자금으로 서브 프라임 모기지론과 연계된 자산 유동화 증권(MBS), 부채 담보부 채권(COD) 등에 투자한다.

SIV는 은행과 분리된 별도 회사로, SIV의 자산운용 내역은 모회사(은행)의 재무제표에 영향을 미치지 않는다. 모회사 역시 SIV의 손실을 파악하기 어렵다. 이처럼 위험이 언제 터질지 모르는 자회사 운용시스템은 대공황 이후 최대 금융위기라는 서브 프라임 모기지론 부실로 인한 금융위기 사태의 본질이었다.

그림자 금융은 비은행권 금융이다. 그림자 금융을 주도하는 SIV는 기업 간 인수합병, 선물, 옵션 등의 파생상품, 헤지펀드, 사모펀드에 규제를 받지 않고 투자해 유동성을 확대하고, 그 유동성 확대에 비례해서 위험도 증폭시킨다. 문제는 그 누구도 이런 문제의 실태를 정확하게 파악하지 못한다는 점이다.

은행은 본업은 내팽개친 채 그림자 금융을 이용해 돈을 더 벌려고 금융당국의 감시망을 벗어난 파생상품을 개발하고, 여기에 한탕주의 식으로 '다 걸기'를 하다가 결국 몰락하고 말았다. 시티은행과 AIG 몰락이 바로 그림자 금융을 이용해 무한이익을 추구하는 과정에서 발생했다.

이들 회사의 최고경영자들은 은행의 본업인 고유계정의 판매와 방카슈랑스만으로는 더 많은 연봉을 받는 데 한계가 있음을 알고서, BIS 비율(자기자본 비율) 같은 감시와 통제의 사각지대에서 벗어나 한 방에 고수익을 노렸다. 하지만 그들은 그렇게 그림자 금융에 열중하다가 결국 본업 자체마저 위기에 빠뜨리고 말았다.

이들도 처음에는 쾌재를 불렀다. 2000년대 초부터 불어 닥친 세계적 경기호황으로 SIV가 투자한 자산 유동화 증권, 파생상품의 가격이 거침없이 상승했기 때문이다. 그러나 2007년부터 시작된 부동산 가격 폭락, 이로 인한 서브 프라임 모기지론을 담보로 발행된 MBS의 부실화 등으로 인해 위기는 걷잡을 수 없을 정도로 확대되었다.

엎친 데 덮친 격으로 은행 보유 주식과 채권, 자산 유동화 증권의 가격 폭락으로 은행은 위기 극복에 필요한 자금조달의 길마저 막혔다. 그 뒤 미국 국민의 혈세로 만들어진 공적자금 투입이 이어졌다. 이것이 그림자 금융이 보이지 않는 곳에 있다가 위기로 인해 수면으로 떠오르면서 발생한 금융위기의 본질이다.

그럼에도 여전히 그림자 금융을 통제할 규제책은 나오지 않고 있고, 메가 뱅크들 또한 문제의 금융기법을 고수하고 있다. 이러니 금융위기는 계속될 수밖에 없고, 위기가 반복될 수밖에 없다고 말하는 것이다.

누군가가 눈에 안 띄는 곳에서 횡재를 노린다면 감시를 철저히 하고 본업을 잊은 기업에 대해서는 위험한 외도를 절제하도록 칸막이를 높여야 한다. 아울러 또 다른 금융위기를 피하려면 상업은행과 투자은행(증권업)을 분리해야만 한다. 은행이 자산운용사, 증권사, 저축은행들을 줄줄이 거느리고 헤지펀드, 사모펀드까지 이들 계열사를 통해 운용하는 것은 철저히 규제하고 통제할 필요가 있다.

GM은 제조업체가 금융에서 '황금 알'을 즐기다가 본업이 위기에 처한 대표적 사례다. GM 사례는 자동차 할부금융을 하는 계열 금융사의 부실이 본사의 경영마저 치명타를 가하는 왝 더 독 현상의 전형이라고 할 수 있다.

또 다른 사례가 있다. GE의 금융계열사 GE캐피탈은 한때 그룹 전체 이익의 절반을 차지할 정도로 효자 계열사였다. 그러나 잘나가던 GE캐피탈이 몰락하면서 GE그룹 본사마저 경영위기에 봉착하게 됐다. 그런 위기를 겪고 나서야 GE는 2010년 경영전략을 제조업에 집중하는 것으로 수정했다.

한때 GE는 경영학자들로부터 최고 성공모델로 꼽히는 기업으로, 경영 모범사례에 반드시 등장하는 성공적인 기업이었다. 세계의 많은 경영자가 GE를 배우려는 목적으로 거액의 수업료를 내고 GE의 크로튼 연수원에 들어가기 위해 줄을 서서 기다릴 정도였다. 그러나 GE는 우리 재벌기업처럼 손대지 않는 사업이 없을 정도로 문어발식 사업을 펼치는 기업으로, 그마저도 서민들 돈이나 뜯어먹는 할부 금융으로 돈벌이를 하던 회사였다는 것이 밝혀졌다. 하지만 현실이 이러함에도 제조업회사의 금융업 진출은 줄지 않고 있다.

그림자 금융은 엄격한 통제 아래에 있는 은행과 비교해 거의 규제의 사각지대에 있는 비은행 금융기관 또는 이런 금융기관이 취급하는 비은행권 금융상품이다. 그래서 그림자 금융은 은행권 상품과 비교해 위험이 높다. 은행의 고유 상품은 대부분 거의 100% 원금이 보장된다. 그러나 그림자 금융은 기대수익률은 높지만 이에 따라 위험 또한 높아 원금손실 가능성이 크다.

보통 은행의 금융 업무는 은행-예금자-대출자의 연결고리를 이루고 있어 자금운용 결과에 대한 책임이 명확하게 규정된다. 그러나 그림자 금융은 그림자 금융, 투자자, 운용회사 또는 SPC-투자상품(ABS)의 4단계로 이루어지는데, 금융상품이 부실화될 경우 그 위험은 투자자에게 귀결된다. 게다가 그림자 금융은 자금의 이동경로가 복잡한 탓에 손실과 이익의 분석이 명확하지 않다.

'그림자'라는 수식어가 붙은 데에는 눈에 보이지 않는 특징, 즉 규제의 사각지대에 있는 금융이라는 의미가 담겨 있다. 그림자 금융은 투명성이 낮아 손실을 파악하기가 어렵다. 2009년 글로벌 금융위기 당시 미국의 메가 뱅크들은 그림자 금융으로 조달한 자산을 재무제표에 제대로 반영하지 않아 파산 직전까지도 관련 손실이 드러나지 않았다.

재무제표에 자산이나 부채로 기록되지 않는 거래를 부외거래라고 한다. 과거에는 상당수 그림자 금융 상품이 부외거래였다. 그러나 금융위기 이후 국제적으로 부외거래 항목들을 투명하게 감시하려는 노력이 계속되고 있다.

그림자 금융은 야누스의 두 얼굴을 가지고 있다. 그림자 금융으로 부풀려진 버블이 금융위기의 주범이었으나, 투자자에게는 그림자 금융이 저금리의 대안이 되고 있기 때문이다. 그림자 금융의 대표적 상품인 자산 유동화 증권은 최근에도 저금리를 돌파하는 고금리 상품이 되고 있다. 그래서 우리가 사는 세상은 복잡한 이해관계로 얽혀 있다고 말하는 것 아닌가.

여러분은 1월의 영어 단어를 잘 알고 있을 것이다. 1월을 뜻하는 단어 재뉴어리(january)는 그리스 신화에 등장하는 두 얼굴을 가진 괴물, 야누스에서 유래했다. 이를 통해 왜 세상의 탄생을 축하하는 달의 명칭이 재뉴어리가 되었는지를 알 수 있다. 우리가 사는 세상은 항상 밝은 빛이 있으면 그와 대비되는 어둠이 존재하기 때문이다.

우리가 사는 세상에서 악마 역할을 하는 탐욕적인 자본, 자신의 일족만 챙기는 생계형 정치인, 자본주에 영혼을 바쳐가며 그들의 주구 노릇을 하는 못난 월급쟁이들. 그러나 이들도 일상으로 돌아가면 한 가정의 아버지이고, 한 줄기 바람에도 마음이 흔들리는 가여운 인간일 뿐이다. 이들에게 분노하지 말자는 얘기가 아니다. 우리 청년들이 나중에 그들의 자리를 차지했을 때 지금보다는 더 약자를 배려하는 정의로운 사람이 되기를 바랄 뿐이다.

25

양적완화정책이
한국증시에 미치는 영향

"신제윤 금융위원장은 2일 미국 연방공개시장위원회(FOMC)의 양적완화 축소에 따른 단기적 시장 충격이 크지는 않겠지만 파장이 예상보다 클 수도 있다고 말했다.

그는 "최근 국제통화기금(IMF)은 미국의 양적완화 축소에 따른 적극적인 대응책 마련을 신흥국에 주문했고, 주요 글로벌 투자은행(IB)들도 일부 신흥국 등에게 미칠 출구전략의 영향을 우려한다"고 설명했다. 이어 "우리나라는 다른 취약 신흥국과 차별화되는 모습을 보여줬지만 취약 신흥국의 금융위기에 따른 2차 충격에 전염될 가능성이 있고, 국제 투자자들의 시각은 한순간에 돌변할 수 있다는 1997년과 2008년의 교훈을 되새겨야 한다"고 강조했다.

그러면서 예상치 못한 외부충격으로부터 한국 경제를 지켜내기 위해서는 양호한 펀더멘털을 더욱 견고하게 유지하는 한편 가계부채 연착륙 대책의 차질 없는 추진, 양호한 외화건전성 기조 유지, 일부 기업의 부실 확산 차단 등 취약부문에 대한 보완과 대비를 철저히 하도록 노력해야 한다고 덧붙였다."(<연합뉴스> 2014년 2월 2일)

외환위기 이후 한 시대를 풍미했던 말이 "미국 증시가 기침을 하면 한국 증시는 감기에 걸린다"는 것이었다. 그만큼 한국 증시에 큰 영향을 미치는 외국인 세력을 대표하는 것이 월가의 다국적 펀드로, 이들의 글로벌 포트폴리오는 미국 증시의 흐름에 따라 달라질 수밖에 없다는 의미다. 그러나 이제 이 말은 이렇게 바뀌고 있다. "미국의 양적완화 정책에 따라 한국경제가 요동친다"라고.

그렇다면 양적완화가 무엇이길래 이토록 우리 경제에 미치는 영향이 크다고 말하는 걸까? 양적완화란 쉽게 말해서 중앙은행이 경기회복을 위해 시중 통화량을 인위적으로 늘리는 정책이다. 즉 중앙은행이 시행하는 통화조작 정책이라고 이해하면 된다.

중앙은행이 금리를 낮추면 은행 예금은 감소한다. 은행 예금고가 줄어드는 만큼 시중 통화량은 늘어나게 된다. 반대로 중앙은행이 시중에 있는 국채를 매입해도 시중 통화량은 늘어나게 된다. 참고로, 양적완화의 상대적 개념으로 '테이퍼링(Tapering)'이란 게 있다. 테이퍼링은 양적완화의 반대 개념으로 중앙은행이 양적완화를 축소하는 정책을 말한다.

미국의 양적완화 정책은 연방공개시장위원회라고 불리는 FOMC에서 결정한다. FOMC는 미국의 경제 흐름을 평가·분석해 통화량과 금리를 조정하고 결정하는 일을 한다. FOMC의 결정이 세계 금융시장, 나아가 세계경제에 미치는 영향이 절대적으로 크기 때문에 FOMC가 어떤 결정을 내리면 세계의 이목이 집중된다.

FOMC가 양적완화 정책을 펴는 이유는 경기회복을 위해서다. FOMC에 의해 달러화 공급이 늘어나고 금리가 떨어지면 달러화 가치는 하락하게 되고, 이에 따라 미국 기업들의 제품은 세계시장에서 가격경쟁력이 높아지게 된다. 물론 이것은 이론상 그렇다는 얘기로, 지금처럼 복잡한 경제 흐름에서는 반드시 그렇게 되는 건 아니다.

그렇다면 이제부터 우리가 생각해볼 문제는 과연 미국의 양적완화 정책이 우리 경제에 어떤 영향을 미치는가 하는 점이다. 우리는 우선, 미국 기업에 좋은 것이 반드시 우리에게도 좋은 것은 아니라는 사실을 상기할 필요가 있다. 미국은 양적완화 정책으로 당장 장기금리가 하락하고, 이에 따른 주가 및 집값 상승으로 내수가 촉진되고 그 결과 소비 지출이 증가하는 효과를 볼 것이다. 통화량 증가로 인한 달러화 가치의 하락(고환율)으로 미국 기업이 생산한 제품의 가격경쟁력 역시 상승한다. 따라서 제조업 가동률이 높아지고 실업률이 낮아지는 효과를 거둘 수 있다.

그러나 이는 전적으로 미국에게만 좋은 일이다. 미국의 양적완화 정책으로 세계시장에서는 환율전쟁이 벌어지고 원유와 원자재 가격이 상승한다. 그리고 달러화 통화량 증가는 인플레이션을 발생시키는 원인이 된다. 미국의 양적완화 정책으로 우리 경제는 환차익을 노린 외화자금의 유입이 늘고, 이는 주가 상승으로 이어질 수도 있다. 또한 달러화 가치 하락은 상대적으로 원화의 가치 상승을 불러오고, 이는 국산제품의 가격경쟁력을 약화시키는 원인이 될 수 있다.

결론적으로 말하면, 미국의 양적완화 정책은 그들의 이익이 되는 한에서는 그 효과가 크다. 하지만 우리 입장에서는 다르다. 달러화는 세계 자본시장의 기축통화다. 따라서 달러화 가치가 하락하면 달러화를 바탕으로 경제가 돌아가는 무역거래에서 우리나라 상품의 가격경쟁력은 약화되고, 수입제품의 가격인상 요인으로 작용해 물가상승으로 이어진다.

한편, 양적완화의 반대 개념인 테이퍼링이 실시되면 소위 이머징 마켓으로 불리는 신흥시장에 투자된 외화자금이 이탈하게 되어 신흥국가 자본시장의 불안정성이 크게 증가한다. 2013년 12월 말에 불거진 신흥시장의 금융 불안도 미국이 양적완화를 축소한 결과에 따른 것이었다.

물론 우리나라는 이머징 마켓으로 분류되는 아르헨티나, 터키, 인도네시아 등과 비교할 때 미국의 양적완화 정책에 영향을 덜 받는다. 그들과 비교해 상대적으로 충분한 외화자금을 보유하고 있고, 단기외채 비중도 전체 외화부채의 30% 정도로 안정되어 있기 때문이다.

미국이 양적완화 축소를 뜻하는 테이퍼링을 하는 것은 역설적으로 미국 경제가 연착륙하고 있다는 반증으로, 달러화가 강세를 띠면 원화는 상승(평가절하)하는 결과를 낳기 때문에 국내 기업의 경쟁력은 그만큼 높아진다고 볼 수 있다. 우리가 무역거래 대금 결제에 사용되는 기축통화는 달러화다. 따라서 달러화 가치 변동에 따라 수출기업들은 큰 영향을 받을 수밖에 없다.

그런데, 세계시장에서 경쟁하는 기업 모두의 이해가 걸린 달러화 가치를 미국이 인위적으로 결정한다는 것은 또 다른 의미의 '팍스 아메리카나'의 오만불손을 보여주는 것이라고 할 수 있다. 사실 현재 세계경제에서 미국이 차지하는 비중은 점차 줄고 있는데도 여전히 세계 기축통화를 그들의 손에 맡겨두는 것은 부당한 일이다. 그래서 지금은 세계 모든 국가가 달러화의 인위적 조작으로 인해 더는 피해를 보지 않기 위해서라도 새로운 기축통화가 절실한 시점이다.

미국의 양적완화 정책은 기존에 중앙은행이 시장에 개입해 인위적으로 통화량을 조작하는 것에서 더 나아간 것으로, 미국이 말하는 자유시장, 자유경쟁의 가치에 어긋나는 것이다. 그리고 미국의 달러화는 한 나라만 사용하는 통화가 아니라 세계의 기축통화라는 점에서, 미국 중앙은행이 과도하게 시장에 개입해 달러화 가치를 조작하는 것은 어떤 측면에서는 또 하나의 폭력이다.

26

대기업의 회사채 상황 투자의 적신호인가

한국은행의 기준금리인하에 따라서 수익률이 절대적으로 영향받는 은행, 보험사에서 판매하는 거의 모든 상품들은 이자에 대한 세금, 수수료를 공제하면 최종 받게 되는 실질 금리는 1%가 안 된다. 여기에 소비자 물가 상승분까지 감안하면 은행, 보험사의 금융상품에 투자하느니 오만 원 권으로 바꿔서 집안 장롱 속에 깊이 모아두는 것이 더 낫다. 저금리로 소매금융회사의 수익률이 이 모양이니 저축 무용론이 힘을 받고 있는 것이다.

이런 와중에 은행의 정기예금처럼 확정금리를 지급하고 그 수익률은 최소 은행예금의 3배에서 다섯 배 이상 수익률이 보장되는 그리고 무엇보다 초보자도 능히 쉽게 투자 할 수 있는 회사채는 이 혹독한 저금리에 사막의 오아시스 같은 상품이다.

저금리시대가 지속되면서 시장 유동성이 풍부해졌다. 이것도 역시 개인과 기업이 다른 양상으로 진행되고 있다. 개인은 소득절벽으로 어느 시대보다 돈의 결핍을 느끼고 있지만 기업은 남아도는 자금을 투자는 안하고 사내에 쌓아놓고 있다.

남아도는 돈으로 기업은 투자 대신 기업에게는 기한부 채무인 회사채 조기 상환에 나서고 있다. 이로인해 회사채 투자 물량이 감소 하고 있는 것이다.

* 저금리로 늘어나는 기업보유 현금성자산(단위: 조원)

2012년	458
2013년	507
2014년	519
2015년	587
2016년	611

* 회사채 조기 상환 주요기업 현황

기업	만기	발행금리(%)	조기 상환액(억 원)
카카오	2018년-2021년	1.97 -2.42	2,000
SK텔레콤	2029 -2030	3.30 -3.40	1,000
동아에스티	2017 -2019	2.86 -3.69	300
한솔제지	2016 -2019	2.42 -4.07	100

"동아 에스티는 2012년 5년 만기로 발행한 회사채 1,100억 원

가운데 300억 원을 최근 조기상환 했다. 만기가 1년이나 남아 있음에도 불구하고 여유 자금을 활용해 빚을 줄이고 금융비용을 절약하기 위해서다. 해당 회사채의 발행금리는 연 3.69%로 회사채 조기상환을 통해 연간 11억 원의 비용을 줄일 수 있게 됐다.

기업들이 회사채 조기상환 움직임이 두드러지고 있다. 보통 만기가 돌아오면 신규 회사채를 발행해 차환하거나 상환하는 것이 일반적이지만 기업들이 투자를 안 하고 쌓아놓은 현금으로 차입금 줄이기에 집중하고 있는 것이다.

2일 투자은행(IB) 업계에 따르면 카카오는 만기 상환일이 2년 넘게 남은 회사채 5,200억 원 중 2,000억 원을 현금으로 조기 상환했다.

카카오는 만기가 5년 가까이 남은 회사채 700억 원 가운데 300억 원도 이미 현금으로 갚았다.

IB업계에서는 이 같은 흐름이 더욱 확대될 것으로 보고 있다. 단순히 비용 절감과 채무개선 목적으로 현금상환에 나서는 것 외에도 경기 불황에 따른 투자 회피 심리가 만연하면서 투자를 위한 신규 채권 물량은 줄이고 기존 채권까지 조기에 상환하는 무 차입 기조가 확대되고 있다.

증권사 관계자는 "기업들이 초저금리 상황에서도 추가 발행이나 차환보다는 현금으로 상환하려는 움직임이 두드러지고 있다"며 "기업들이 수익성이 좋았던 시기에는 투자도 많고 자금 조달이 빈번했지만 최근에는 경기가 워낙 좋지 않아 신규 설비투자나 사업 확대에 조심스럽다"고 말했다.

우리나라 기업들이 보유한 현금자산은 가파르게 늘어 올해 처음으로 600조원을 돌파했다. 기업이 보유한 현금성 자산은 2013년 500조원을 넘어선 이후 3년 만에 100조 원 이상 증가했다.

이는 우리나라 경제 규모가 커지고 저금리가 장기화되면서 유동성이 풍부해진 결과로 볼 수 있지만 경기 불확실성 확대로 기업들이 투자를 망설이고 현금을 늘린 영향도 크다.

회사채 발행을 통한 기업의 자금조달도 크게 줄었다. 올해 8월 말 기준 기업들이 회사채 발행규모는 전체 22조3550억 원으로 지난해 같은 기간 발행액인 30조681억 원 보다 27%나 급감했다.

IB업계 관계자는 "기업들이 회사채를 발행해도 투자목적으로 발행하는 경우는 거의 없는 상황"이라며 "대다수는 기존에 높은 금리로 조달한 회사채를 낮은 금리로 차환하거나 단기차입금 상환, 물품대금 지급 등 운영자금을 마련하기 위해 회사채를 발행하고 있는 실정"이라고 설명했다. (<매일경제> 2016년 9월 3일)

회사채 물량이라는 것은 발행시점의 금리, 경제상황, 시장의 유동성 여하에 따라 매번 달라지는 것이다. 지금처럼 저금리와 기업의 내부 유동성증가로 회사채 발행 물량이 줄고 있다면 발행금리가 낮아진다.

이렇게 회사채 금리가 떨어지는 시장에서는 약간의 금리 상승으로도 매매수익률은 올라간다. 채권의 가격은 금리와 반비례의 관계에 있기 때문에 금리가 낮으면 채권가격은 높아지고, 금리가 상승하면 반대로 채권의 가격은 낮아지기 때문에 금리인하로 채권가격이 높을 때 투자를 하면, 금리상승기에는 채권의 가격이 낮아져 매매차익 수익률이 커진다.

매 번 금융위기가 발생한 해에는 다른 투자 상품과 비교해 채권의 평균수익률이 가장 높았다. 이 시기에는 채권시가평가제가 가격에 반영되는 채권 형 펀드의 수익률도 직접투자 시장과 마찬가지로 같은 현상이 발생한다. 이는 채권의 가격, 수익률이 금리와 반비례하기 때문이다. 앞으로 그 선이 어느 수준인가에 대해서는 확답을 못하겠지만 금리가 오를 합리적 근거가 많다. 만약 금리가 지금보다 오른다고 가정하면, 지금 회사채에 투자해서 불리 할 일은 없다.

27

초보자를 위한
금융 상품 감별법

현재 우리 금융시장의 금융상품은 악화가 양화를 구축하는 형국이다. 다시말해서 나쁜 금융상품이 금융소비자의 지갑을 움켜쥐고 흔들어대고 있는 상태가 지속되고 있다.

나쁜 금융상품의 정의는 어떻게 내릴까.

이 질문의 답은 의외로 단순하다.

투자원금의 손실이 발생하건말건 운용수수료를 꼬박꼬박 떼어가는 상품, 실질금리가 물가상승률에도 못미쳐 금융상품 투자로 가처분소득이 늘어나기는커녕 오히려 투자 원금을 갉아 먹는 상품, 연금이라는 타이틀이 붙었음에도 연금의 역할을 전혀 못해 우리의 노후를 망치고 있는 상품이 모두 나쁜 상품의 범위에 들어간다.

대표적인 예로 금융소비자의 민원이 가장 많은 보험사의 변액보험의 현재 수익률을 평가해 나쁜 금융상품이 우리의 지갑을 어떻게 헐겁게 하는지를 살펴보자.

"변액 연금보험 46개중 18개가 10년 후 해약해도 원금이 손실되는 상품이다. 공정거래위원회가 최근 발표한 K-컨슈머 리포트를 둘러싸고 생명보험협회와 진실 공방전을 벌이고 있는 금융소비자연맹이 이같은 내용의 변액연금보험에 대한 비교평가를 추가로 발표한다.

금소연에 따르면 변액보험의 사업비용은 평균 11.61%(설계사 판매료) 다. 이는 보험료 납입과 동시에 보험사가 사용한다. 보험사가 내세우는 보장금액(변액연금 500만 원 수준)에 들어가는 비용(위험보험료)은 납입보험료의 1.17%(납입보험료 20만 원 중 2,333원, 설계사 판매상품의 평균)에 불과한 수준으로 공제비용의 90.9%가 사업비용으로 집행된다. 금소원 보험국장은 "변액보험의 펀드수익률이 연평균 4%라고 가정한다고 해도 10년이 지나서 해약환급금이 원금수준이라는 것을 소비자들이 정확히 알고 가입해야 할 것"이라고 말했다."

위 기사의 출처는 공정거래위원회가 발표하는 K-컨슈머 리포트를 기초로 작성된 것이니 믿어도 된다.

이 기사를 보면서 생각나는 것이 없는가. 이 기사를 보면 드는 생각이 왜 그토록 집요하게 소비자의 니즈(needs)와 무관하게 비정규직 영업자인 보험사 설계사들이 이 상품 판매에 지독할 정도로 영업을 하는지를 알수 있을 것 같다. 고정급여가 없는 보험사 설계사들은 보험을 팔아야 판매 수수료를 받고 생활을 이어나가는 사람들이다.

그들의 입장을 이해못하는 것이 아니지만 그들 주변의 지인들의 손해는 아랑곳하지 않고 과도하게 판매수수료가 책정된 변액관련 상품 판매에 열성을 쏟는 것은 눈살을 찌푸리게 만든다.

변액보험판매로 가장 큰 이익을 보는 자들은 보험사 대주주, 임직원들이다. 그런데 정작 민원이 발생하면 보험사는 불완전 판매의 책임은 판매자에게 전가시키고 판매자와 소비자의 싸움을 제3자의 입장에서 지켜볼 뿐이다.

이 힘없고 가여운 비정규직 영업자들을 비난하고 싶은 생각은 없다. 다만 이 시장이 투명하고 객관적인 검증절차를 거쳐 고객이 충분히 정보를 습득하고난 후 투자를 결정하는 시스템이 제도적으로 만들어져야 금융소비자가 일방적으로 손해보는 사례의 발생이 많이 줄어들게 될 것이다.

그렇다면 과연 좋은 금융상품이란 무엇인가.

투자의 안정성이 등가라면 수익률이 상대적으로 비교우위에 있는 상품이다. 금융상품의 타이틀은 중요하지가 않다.

소매금융회사에서 판매하는 금융상품 중에서 세금공제후 받게 되는 실질금리가 1%대를 넘는 것이 거의 없다.

이런 수익률을 가진 상품이 타이틀만 그럴싸한 퇴직연금, 연금저축이라는 상품이다.

연금상품이라면 그래도 이자가 꾸준히 체증되는 구조로 노후에 보탬이 되어야 한다. 그러나 현재의 수익률로는 노후에 보탬은 못 되고 내 노후를 가난하게 만드는 일에 기여할 뿐이다.

지금처럼 초금리가 지속되고 있는 상황에서 시장에서 판매되는 거의 모든 확정금리상품의 수익률은 낮아질 수 밖에 없다. 그러나 확정금리를 주는 증권상품들은 리스크 관리에 좀 더 많은 신경을 기울인다면 소매금융회사에서 판매되는 금융상품보다 최소 두 배 이상의 이자를 더 받을 수가 있다.

금융상품투자와 관련해서 지금 우리에게 필요한 것은 익숙한 것과의 결별이다. 익숙한 것과의 결별이 결코 쉬운 일은 아니지만 금융상품 쇼핑의 동선을 바꾸는 것만으로 받게되는 이자가 크게 늘어난다면 굳이 회피할 이유가 없다.

기준금리 1% 시대에 기준금리 변동에 수익률이 절대적으로 영향받는 은행, 보험사의 확정금리 상품으로는 저축을 통한 개인의 가처분소득은 늘어나지 않는다. 이 때문에 저축의 시대는 가고 투자의 시대가 왔다고 말한다. 펀드회사는 투자의 시대에는 주식, 채권에 간접투자하는 것이 대세라고 언론공세를 하고 있다. 과연 그럴까. 정말 주식, 채권에 간접투자하는 펀드에 가입하면 내 돈이

쑥쑥 늘어날까. 지금까지 펀드수익률을 검증해본다면 이 말이 현실과 동떨어진 것이라는 사실을 알 수 있다.

펀드 매니저를 대상으로 한 주가 예측 실험결과 보고서에 의하면 펀드매니저들의 예측수익률 정확도는 47%에 불과했다.

이 결과치는 동전던지기를 했을 때 나오는 결과인 50% 보다도 낮다. 그러나 정작 당사자인 펀드매니저들은 자기 예측의 정확성에 대해서는 65%의 신뢰도를 갖고 있다. 결론적으로 그들은 자기들의 판단능력을 과대평가함으로써 자신들이 결과를 좌지우지할 수 있다는 착각에 빠져있을 뿐 아니라, 위험을 과소평가하게 만듦으로써 현실과 다른 결과를 반복하고 있다.

펀드매니저들은 자신들의 막강한 네트워크를 활용해 고객의 충성도를 이끌어낸다. 그들은 충성심 높은 고객의 이익을 챙겨주기보다는 고객이 내는 수수료로 먹고사는 사람들이다. 투자결과는 고객의 몫으로 이들은 투자결과로부터도 자유롭다.

세 치 혀로 고객을 유혹해 수수료만 많이 받는다면 이것이 최고의 가치가 되는 사람들이다.

그들을 대하는 우리의 태도는 반성해야 할 부분이 많다. 우리는 그들이 우리의 지갑을 채워줄 것이라고 믿으며 매번 당하면서도 펀드투자를 맹신한다. 매번 이렇게 당하면서도 펀드에 투자하는 것은 무엇때문인가?

만인이 정보를 만들고 유통시키는 온라인시대에 인터넷 문을 두

드리면 엄청난 양의 정보가 쏟아진다. 우리가 알려고만하면 몇번의 클릭만으로 원하는 정보에 쉽게 접근할 수 있다.

그렇다. 인터넷을 통하면 재테크에 대한 엄청난 정보를 얻을 수 있다. 그러나 지금의 인터넷은 금융회사들에게는 그들의 영업을 펼치는 주력 창구로 전락하고 있다. 유력 금융회사에 속해 있는 비정규직 영업자들의 인터넷을 통한 극성스러운 영업활동이 객관적인 정보유통을 사실상 어렵게 만든다. 이런 환경에서 초보자들은 인터넷을 통한 정직한 정보를 획득하기 어렵다. 오히려 금융에 무지한 초보자들은 그들의 먹이감이 될 뿐이다.

인터넷이 정보의 생산과 유통이라는 측면에서 긍정적이라는 사실은 부인하기 어렵다. 그러나 인터넷 공간을 영업활동을 하는 사람들이 지배하는 한 초보자들이 자신들이 필요로 하는 정직하고 객관적인 정보를 얻기 어렵다. 초보자들이 금융상품선택에 있어서 꼭 알고있어야 하는 사실은 상품의 타이틀이 중요한 것이 아니고 안정성이 등가라면 단 한 푼이라도 이자를 더 많이 지급하는 상품을 선택해야 한다. 이런 측면에서 지금의 저금리 시대에는 소매금융회사의 금융상품보다 더 많은 확정이자를 지급하는 고수익 증권상품이 상대적으로 비교우위에 있다는 사실이다.

그래서 저금리일수록 타이틀만 그럴싸한 소매금융회사의 금융상품은 버리고 확정금리를 주는 증권상품에 투자해야 한다고 말하는 것이다.

금융을 이용하는 사람이
성공한다

　금융을 이용하는 주도권은 개인에게 있다. 싫으면 안 하면 그만이다.

　경제생활을 하는 사람의 입장에서 금융을 이용하지 않고서는 경제활동을 해나갈 수는 없다. 금융 거래를 안할수 없다면 금융을 지혜롭게 이용하는 사람이 되어야 한다.

　나는 개언적으로 지나친 금융거래를 부정하는 사람이다. 지나친 금융거래가 개인을 파탄의 상황으로 몰고가기도 하기 때문이다. 사실 돈이 없어도 금융을 이용해 부동산도 살 수 있고, 내 종잣돈의 2배 이상의 주식 현물을 매입할 수 있다. 주식거래에서 신용융자로 증권사로 돈을 빌려 더 많은 주식을 살 수도 있다. 그러나 이는 급락장에서 내 돈 이상의 돈을 빌려 주식에 투자한 결과로 인해서 내 시드머니까지 다날릴 수 있는 소위 깡통계좌로 전락하게 만든다.

금융권에서는 "동시패션"이라는 말이 있다. 이 말은 내가 실무에서 일할 때 우리 부서에서 종종 쓰던 표현으로 현재도 사용되는지는 잘 모르겠다.

금융권에서 표현하는 "동시패션"이란 부동산대출을 받는데 있어 근저당 설정과 동시에 대출금으로 부동산 소유권을 이전하는 방법으로써 이 방법을 통하면 구매자의 입장에서는 돈이 없이도 부동산 소유권을 넘겨받을 수가 있다. 물론 이 방법을 통해 매입한 부동산의 가격이 상승하는 것은 별개의 문제다.

앞으로 대출금리가 다소 오른다는 보고가 구체적으로 나오고 있다. 얼마나 오를지는 모르겠지만 현재의 저금리 주도를 깰 정도의 급격한 인상은 없을 것이다. 만약 이 방법을 통해서 독신가구를 대상으로 임대를 놓아 월세를 받는다면 월세가 대출이자를 내고도 남는다.

이 경우에는 자신의 돈없이도 부동산에 투자해서 이익을 보는 사례가 된다. 쉽게 계산해서 매매가 1억원인 소형오피스텔을 매입해 월세를 받는다면 최소 연 600만 원(월세 50만 원 기준)의 임대수익을 얻게 된다. 지불해야하는 대출이자가 연 400 만원(대출금리 4%)이 됨으로 투자수익은 200만 원이 된다. 물론 여기에는 부동산 취득에 대한 세금은 다 빠진 상태에서 그렇다는 얘기다.

이 방법의 옳고 그름은 각자가 생각해 볼 문제로 남겨두고 과연 이 방법으로 대출받는 것이 모든 사람에게 가능한 것인가.

답은 아니다.

은행거래 신용도가 나쁜 사람은 이 방법의 경제성을 판단하기 전에 자격에서 미달된다. 금융을 자신에게 유리하게 이용하는 방법의 첫번째 조건은 바로 금융거래시 사소한 연체도 발생시키지 말고 각종 금융거래를 한 곳에 집중시켜 자신의 신용등급을 높이는 일이다. 이렇게하면 개인의 신용대출 한도를 늘릴 수 있으며 낮은 금리로 대출받는 일이 가능해진다. 부동산 담보 대출에 있어서도 우대를 받을 수 있다. 그러나 개인의 신용등급이 나쁜 사람들은 금융을 아무리 자신에게 유리하게 이용하려고 해도 한계가 있다. 금융회사에게 약점 잡히지 않는 금융거래는 이래서 중요하다. 금융권에서 대출로 자금을 조달해서 이를 지렛대 삼아 대출에 대한 이자 이상의 수익을 올리는 것이 소위 말하는 지렛대 효과, 다른 표현으로는 레버리지 효과다.

투자를 하는데 있어서 빚내서 투자하는 것이 무조건 나쁜 것은 아니다. 부동산에 투자하는 경우에는 세금을 합법적으로 회피하는 수단으로 돈에 여유가 있어도 빚을 내서 투자하는 경우가 있다.

앞서 말한대로 독신가구의 급증으로 수익성이 높아진 임대주택을 빚내서 투자하는 경우 요즘처럼 대출금리가 낮을 때는 레버리지 효과를 볼 수가 있다.

그러나 고금리로 대출받아 투자리스크를 감당해 내기 어려운 선물, 옵션에 투자하는 경우에는 종잣돈까지 모두 날릴 수 있다. 그래서 빚이라는 존재는 투자의 세계에서 동전의 양면적 속성을 모두 가지고 있다.

중산층 10명 중 4명이 자신은 빈곤층이라고 고백하는 시대, 40대의 평균소득이 감소하고 있는 시대, 이것만 봐도 최근에 세상 살기가 어려워지고 있는 것만은 확실하다. 중산층마저 이런 지경인데 정말 돈 없는 서민, 빈곤층은 어떻겠는가? 요즘 사행성 도박시장에 돈이 넘쳐나고 있다. 다 돈 없는 사람들이 이래 죽으나 저래죽으나 죽기는 마찬가지라면 적은 돈으로 투자해 가능성은 거의 없지만 대박의 희망이라도 갖고 살게 하는 것이 역설적이게도 사행성 복권이다. 사람들은 살기 어려울수록 매우 과격한 투자를 감행한다. 그러나 이 투자의 끝은 사람들을 더 불행하게 만들 뿐이다.

돈이라는 것은 내 수중에서 만질 수 있는 것이 전부가 아니다. 개인의 신용도도 돈이다. 회계학에서는 말하는 자산이라는 개념은 자신의 돈에 부채를 합한 것이다. 따라서 넓은 의미로 해석해 보면 양질의 부채는 언제든 이익이 발생하는 자산이 된다. 문제는 악성 부채다. 특히 개인에게는 소모성 생활비를 충당하기 위해, 고위험 상품에 투자하기 위해서 내는 빚은 악성부채가 되어서 개인의 생활을 압박한다.

반면에 저리로 대출받아 대출이자 이상의 확정수익이 발생한다면 이는 빚이 아니라 건전한 자산의 확충이라 봐도 무방하다.

세후 예금금리가 1%도 안 되는 시대다. 그러나 은행의 신용대출금리 등급표를 보면 역시 은행은 허가받은 고금리 장사꾼이라는 생각을 지울 수가 없다. 그러나 이것도 받기만 한다면 다행한 일이다.

신용관리를 잘못해서 그나마 은행권에서 대출도 못받게 되는 상황에 몰리게 되면 마지막으로 찾는 곳이 금융권의 하이에나로 표현되는 고금리 대부회사다. 대부회사에 까지 가서 돈을 빌리는 사정에 이른다면 다시는 제도 금융권에서 정상적인 대출을 받기는 어려워지고 금융을 지혜롭게 이용하는 고리는 끊어지게 된다.

금융을 자신에게 유리하게 이용하기 위해서는 개인의 신용관리가 필수다. 초보자일수록 이 점에 유의해서 금융거래를 해야 한다.

초보자도 증권투자로
부자되는 28가지의 방법

2018년 4월 6일 초판 인쇄
2023년 11월 15일 2판 1쇄 발행

지은이 | 박연수
펴낸곳 | 도서출판 청연

주소 | 서울시 금천구 시흥대로 484 (2F)
등록번호 | 제 18-75호
전화 | (02)851-8643·팩스 | (02)851-8644

ISBN 979-11-957227-7-8 (03320)